专业而不晦涩
实用不有过度
您身边的法律顾问

乔小山

智元微库
OPEN MIND

一本书读懂新公司法

岳屾山 / 主编

人民邮电出版社

北京

图书在版编目（CIP）数据

一本书读懂新公司法 / 岳屾山主编 . -- 北京 : 人
民邮电出版社，2025. -- ISBN 978-7-115-66085-5

Ⅰ . D922.291.914

中国国家版本馆 CIP 数据核字第 202557E1X2 号

◆主　　编　岳屾山
　责任编辑　黄琳佳
　责任印制　周昇亮
◆人民邮电出版社出版发行　　　北京市丰台区成寿寺路 11 号
　邮编 100164　电子邮件 315@ptpress.com.cn
　网址 https://www.ptpress.com.cn
　文畅阁印刷有限公司印刷
◆开本：720×960　1/16
　印张：18.5　　　　　　　　　2025 年 5 月第 1 版
　字数：240 千字　　　　　　　2025 年 5 月河北第 1 次印刷

定　价：69.80 元

读者服务热线：（010）67630125　印装质量热线：（010）81055316
反盗版热线：（010）81055315

撰 稿 人

宋　静　赵　茂

张肖瑞　张雅琨

文晓欢　刘彤彤

朱程斌

第一章 一键解锁 "现代企业制度"

一键解锁"现代企业制度" ①

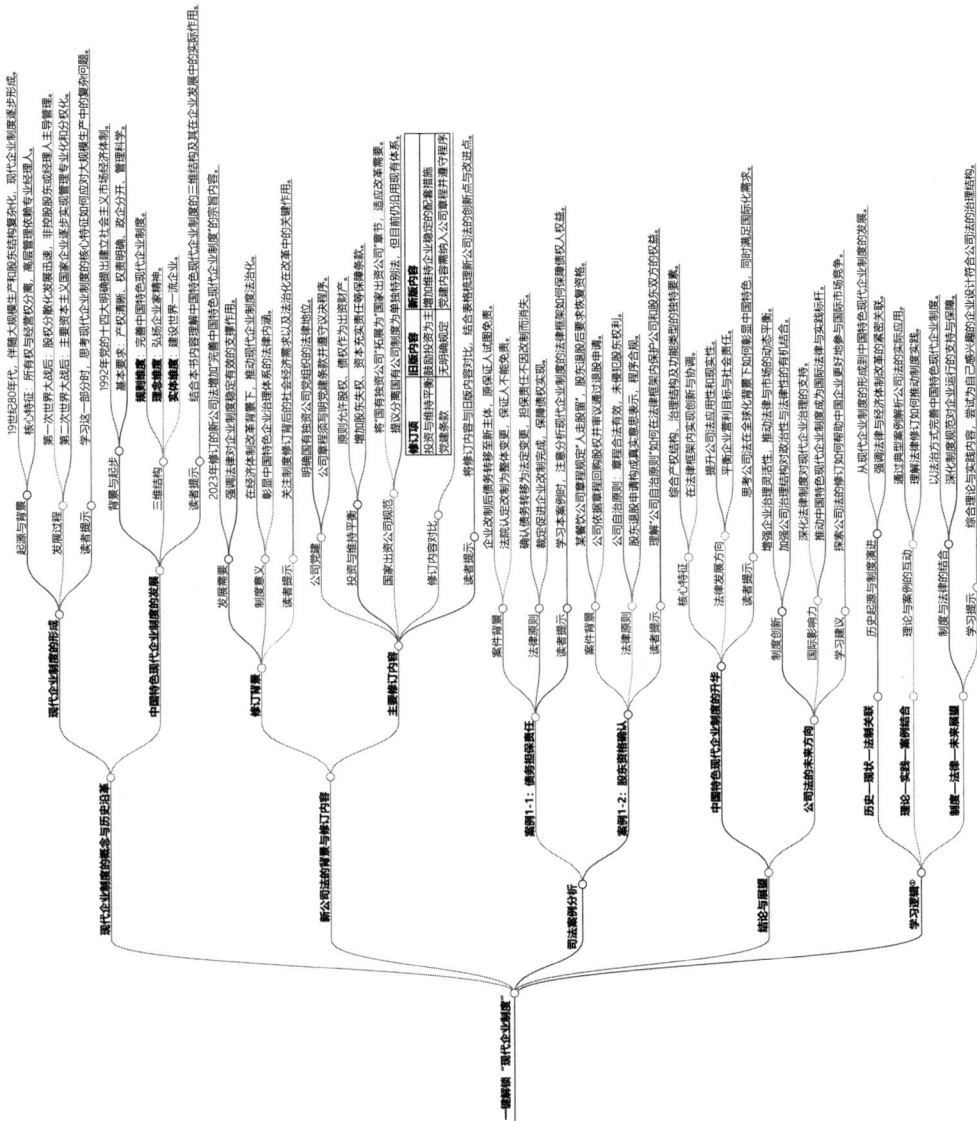

现代企业制度的概念与历史沿革
- 现代企业制度的形成
  - 起源与背景
  - 发展历程
  - 读者提示
- 中国特色现代企业制度的发展
  - 背景与起步
  - 三维结构
  - 读者提示

新公司法的背景与修订历程
- 修订背景
  - 发展需要
  - 制度意义
  - 读者提示
- 主要修订内容
  - 公司注册
  - 投资与维持平衡
  - 国家出资公司规范
  - 修订内容变化
  - 读者提示

修订项	旧版内容	新版内容
投资与维持平衡		
资本	无权确确定	

司法案例分析
- 案例1-1：债务担保责任
  - 案件背景
  - 法律原则
  - 读者提示
- 案例1-2：股东资格确认
  - 案件背景
  - 法律原则
  - 读者提示

中国特色现代企业制度的升华
- 核心特征
- 法律发展方向
- 读者提示

公司法的未来发展方向
- 制度创新
- 国际影响
- 学习建议

结论与展望

学习建议
- 历史起源与制度演进
- 理论与案例的互动
- 制度与法律的结合
- 学习提示

---

① 须特别说明的是，思维导图是对本书对内容的衍生思考，希望对读者有所帮助。

首次明确规定及保护公司"名称权"在内的各项权利

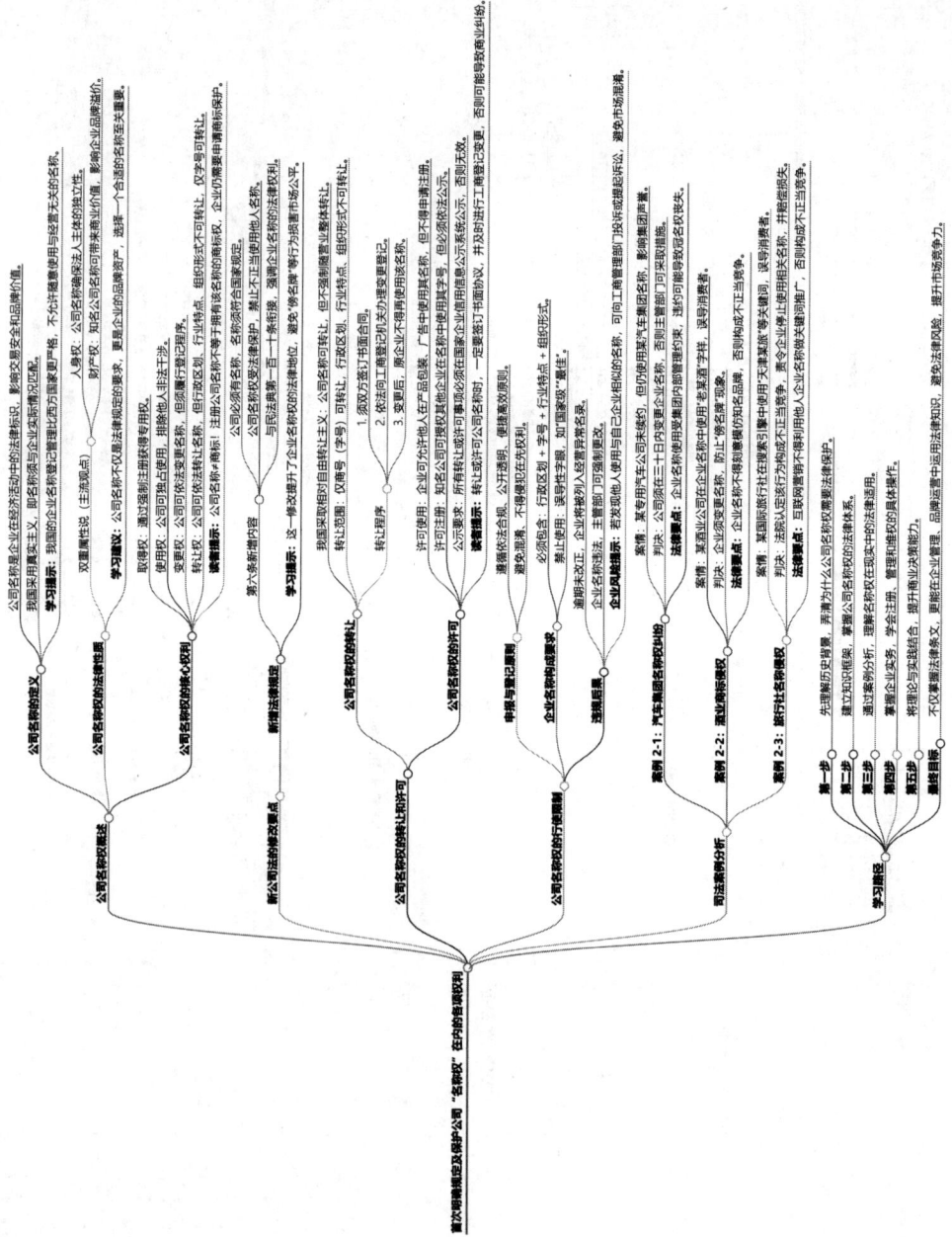

公司名称权的定义
公司名称是企业经济活动中的法律标识，即我国采用真实主义，影响交易安全和品牌价值。
- 学习提示：我国的企业名称登记管理由西方国家实施匹配。

公司名称权的现状
- 双面属性说（主流观点）
  - 学习提示：公司名称不仅是法律规定的要求，更是企业的品牌资产，影响一个合适的名称至关重要。
  - 人身权：公司名称确保企业主体的独立性。
  - 财产权：知名公司名称可带来商业价值，不允许擅自使用与经营无关的名称。

公司名称权的法律依据
- 取得权：通过登记主管获得专用权。
- 使用权：公司可独占使用，排除他人非法干涉。
- 转让权：公司可依法转让名称，但须履行登记过程。
- 编纂提示：公司名称十禁标：注册公司名称不得不等于拥有该名称的商标权，企业仍需要申请商标保护。

新公司法的修改重点
- 第六条新增内容
  - 公司必须命名名称，名称须符合国家规定。
  - 公司名称权受法律保护，禁止不正当使用他人名称。
  - 与民法典第一百一十条保护，避免企业名称等行为损害市场公平。

公司名称权的核心权利
- 学习提示：这一条改进了企业名称权的法律地位。
- 我国采取规制自由权化主义：公司名称可转让，行业特点，组织形式不可转让。
  - 转让范围：仅商号（字号）可转让，行政区划、行业特点、组织形式不可转让。
  - 转让程序：
    1. 签约办签订书面合同。
    2. 依法向工商登记机关办理变更登记。
    3. 变更后，商业企业不得再使用该名称。

公司名称权的让与许可
- 许可使用：企业可允许他人在生产品牌、广告中使用其名称，但不得使用其字号，组织形式应正式使用。
- 许可范围：所有转让或部分行政企业名称权，一定要签订书面协议，并及时进行工商登记变更，否则无效。
- 公示要求：知名公司可增加使用企业名称权的信息公示在其系统公示，否则必须依法公示。

公司名称权的行使限制
- 禁止混淆：公开透明，避免混淆，组织形式先权权。
- 必须核准：行政区划 + 字号 + 行业特点 + 组织形式。
- 禁止使用：误导性字眼，如"国家级"等。
- 通用未改正、企业名称违法、主管部门可强制要求改。
- 企业风险警示：企业使用他人使用自己与公司相关的名称，可向工商管理部门提起侵权诉讼，避免市场混淆。

司法案例分析
- 案例 2-1：汽车品牌名称纠纷
  - 案情：某公司在三十日内变更企业名称，防止"傍名牌"现象。
  - 判决：公司须在三十日内变更企业名称，否则主管部门可采取措施。
  - 法律要点：企业名称变更后，应向主管部门办理变更。影响集团形象。
- 案例 2-2：直觉名称纠纷
  - 案例：某国际旅行社在国家某区引爆争用中用天津某某字样，误导消费者。
  - 判决：法院认定该行为构成不正当竞争，黄令企业停止使用相关名称，并赔偿损失。
  - 法律要点：企业名称不得擅自模仿其知名品牌，否则构成不正当竞争。
- 案例 2-3：近似社名称纠纷
  - 案例：互联网营销中擅自利用他人企业名称网络推广，误导消费者。
  - 判决：法院认定为伪造不正当竞争，黄令企业停止使用相关名称，并赔偿损失。
  - 法律要点：互联网营销不得利用他人企业名称网络推广，否则构成不正当竞争。

学习路径
- 第一步：先理解历史背景，再理解为什么公司名称权需要法律保护。
- 第二步：建立知识框架，掌握公司名称权的法律体系。
- 第三步：通过案例分析，理解名称权在现实中的法律适用。
- 第四步：结合企业实务，学会注册、管理和维护公司的名称体系。
- 第五步：将理论与实践结合，提升法律决策能力。
- 最终目标：不仅掌握法律条文，要懂在企业管理、品牌运营中运用应对风险知识，避免法律风险，提升市场竞争力。

第三章 法定代表人不再是天然第一责任人

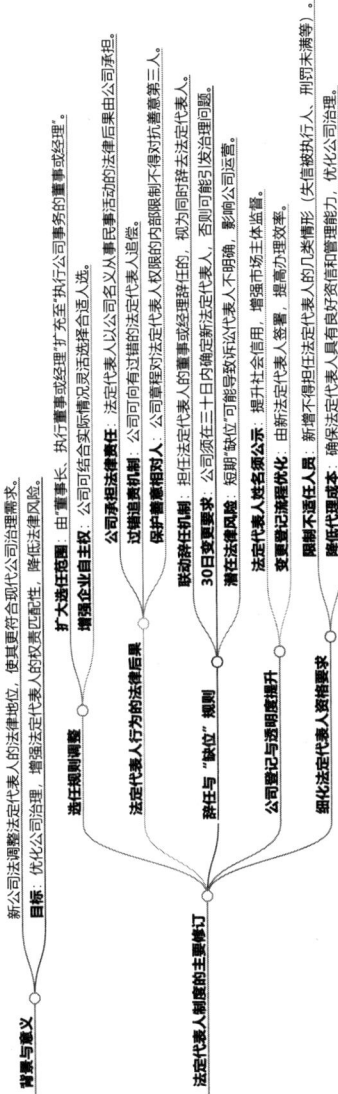

法定代表人不再是天然第一责任人

背景与意义

- 新公司法调整法定代表人的法律地位，使其更符合现代公司治理需求。
- 目标：优化公司治理，增强法定代表人的权责匹配性，降低法律风险。

法定代表人制度的主要修订

- **法定规则调整**
  - 扩大选任范围：由董事长、执行董事或经理"扩"至"执行公司事务的董事或经理"。
  - 增强企业自主权：公司可结合实际情况，灵活选择合适人选。
- **公司承担法律责任**
  - 过错追责机制：法定代表人以公司名义从事民事活动的法律后果由公司承担。
  - 保护善意相对人：公司可向有过错的法定代表人追偿。
- **法定代表人行为的法律后果**
  - 联动辞任机制：担任法定代表人的董事或经理辞任的，视为同时辞去法定代表人。
  - 30日变更要求：公司须在三十日内确定新法定代表人，否则可能引发治理问题。
- **辞任与"缺位"规则**
  - 减法法律风险：短期"缺位"可能导致诉讼代表人不明确，增强公司监督。
- **公司登记与透明度提升**
  - 法定代表人姓名须公示：提升社会信用，增强市场主体监督。
- **细化法定代表人资格要求**
  - 变更登记流程优化：由新法定代表任可能办诉讼代表人的几类信息明确，提高办理效率。
  - 降临代理成本：新增不得担任法定代表人员，确保法定代表人员有良好资信管理能力（失信被执行人、刑罚未满等）。优化公司治理。

责任类型	法律依据	风险后果
责任对外责任	新公司法第十一条，民法典第六十一条	以公司名义从事民事活动，公司承担法律后果。
过错追偿责任	新公司法第十一条若干规定》第三条	公司可向过错法定代表人追偿。
刚性消费	《最高人民法院关于适用〈中华人民共和国民事诉讼法〉执行程序若干问题的解释》第二十四条第一款	企业被执行后，法定代表人可能被限制高消费。
失信名单	《最高人民法院关于公布失信被执行人名单信息的若干规定》第六条	失信企业法定代表人信息公开，影响个人信用。

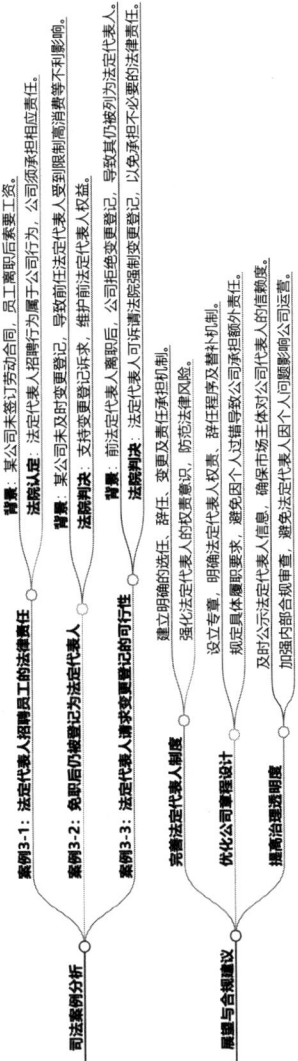

法定代表人的责任与法律风险

司法案例分析

- **案例3-1：法定代表人招聘员工的法律责任**
  - 背景：某公司未签订劳动合同，员工离职后要工资。
  - 法院认定：法定代表人招聘行为属于公司行为，公司承担相应责任。
- **案例3-2：免职后未能登记为法定代表人**
  - 背景：某公司未及时变更登记，导致前任法定代表人受到限制高消费等不利影响。
  - 法院判决：支持变更登记诉求，维护前法定代表人权益。
- **案例3-3：法定代表人请求变更登记的可行性**
  - 背景：前法定代表人离职后，公司拒绝变更登记。
  - 法院判决：法定代表人可诉请法院强制变更登记，以免承担不必要的法律责任。

展望与合规建议

- **完善法定代表人制度**
  - 建立明确的流转、辞任、变更及责任承担机制。
  - 强化法定代表人的权责意识，防范法律风险。
- **优化公司章程设计**
  - 设立专章，明确法定代表人权限、辞任程序及替补机制。
  - 规定具体变更要求，避免法定代表人过错导致公司承担额外责任。
- **措施加速透明度**
  - 及时公示法定代表人信息，避免因信息滞后影响公司的信赖度。
  - 加强内部合规审查，避免法定代表人因个人问题影响公司运营。

第四章 法人人格否认制度——限制股东权利滥用，保障债权人合法权益

法人人格否认制度——限制股东权利滥用，保障债权人合法权益

- 背景与意义
  - 引入与发展
    - 2005年公司法首次引入法人人格否认制度。
    - 2013年最高人民法院发布指导案例，明确适用规则。
    - 2019年《全国法院民商事审判工作会议纪要》细化适用情形。
  - 核心目标
    - 规制股东滥用法人独立地位的滥用债务行为。
    - 保障债权人权益，确保市场交易公平性。

- 法人人格否认制度的主要修订
  - 纵向否认：股东对公司债务的连带责任
    - 滥用法人独立地位或个人财产，否则承担连带责任。
  - 横向否认：关联公司连带责任
    - 新增规则
      - 滥用法人独立地位的股东对公司有限责任，损害债权人利益时，股东应承担连带责任。
      - 实践原则：股东滥用多个公司，并滥用法人独立地位受损债权人利益。
    - 资金混同：关联公司共用账户，隐匿转移资产。
    - 业务混同：关联公司经营范围重合，统一决策运营。
    - 人员混同：共享管理团队，员工身份界限模糊。
  - 一人公司连带责任
    - 适用情形
      - 股东须证明公司财产独立于个人财产，否则对公司债务承担连带责任。
    - 适用条件
      - 防止个人股东利用公司法人独立地位逃避债务。

- 法人人格否认的例外情形
  - 主体要件
    - 滥用法人格的股东。
  - 行为要件
    - 受损债权人：因股东行为致债权人利益严重受损。
    - 三类通用行为：滥用公司法人独立地位行为之间存在直接联系。
  - 结果要件
    - 损害事实存在（全国法院民商事审判工作会议纪要）
    - 因果关系：债权人的损害与股东滥用行为之间存在直接联系。

- 适用情形
  - 人格混同
    - 公司与股东之间的财产、业务、人员界限模糊。
    - 典型表现
      - 公司财产与股东财产混同，无财务区分。
      - 公司与股东共用财务账户。
      - 公司与股东账务不分，导致债权人混淆。
  - 过度支配与控制
    - 控制股东操纵公司，剥夺其独立意志，损害债权人利益。
    - 典型表现
      - 关联公司间利用利益输送。
      - 控股股东利用母子公司架构，转移资产逃避债务。
      - 控股股东利用子公司架构，故意分割债务责任。
  - 资本显著不足
    - 公司资本严重低于经营所需，债权人利益受损。
    - 典型表现
      - 公司无力偿债，高风险经营，转嫁风险给债权人。

- 司法案例分析
  - 案例4-1：三家公司人格混同，承担连带责任
    - 案情：三家公司间管理人员、财务账户等，判令三家公司承担连带责任。
    - 裁判要点：人员、业务、财务混同构成人格混同，债权人难以区分。
  - 案例4-2：股东滥用公司财产，承担补充赔偿责任
    - 案情：股东将公司账户转移至个人账户，无法证明合法交易。
    - 裁判要点：单其转移不足以否定公司人格，但减免公司资产影响偿债能力，须承担补充责任。
  - 案例4-3：控股股东滥用控制权，关联公司担相措施
    - 案情：控股股东同时管理多家企业，利用财务交叉输送资金，损害债权人利益。
    - 裁判难点：法人人格否认适用，要求关联公司共同承担债务。

- 总结与展望
  - 企业合规建议
    - 确保财务、业务、人员独立，避免构成人格混同。
    - 避免滥用法人独立地位，建立完善的财务治理机制。
  - 债权人保护措施
    - 审查交易对手的财务独立性，避免关联公司人格混同。
    - 保障债权人、财务混同，业务关联的证据，确保债权人行有充分证据支持。
    - 关注国家企业信用信息公示系统，识别潜在人格混同风险。

第五章 明确设立登记、变更登记、注销登记的事项和程序

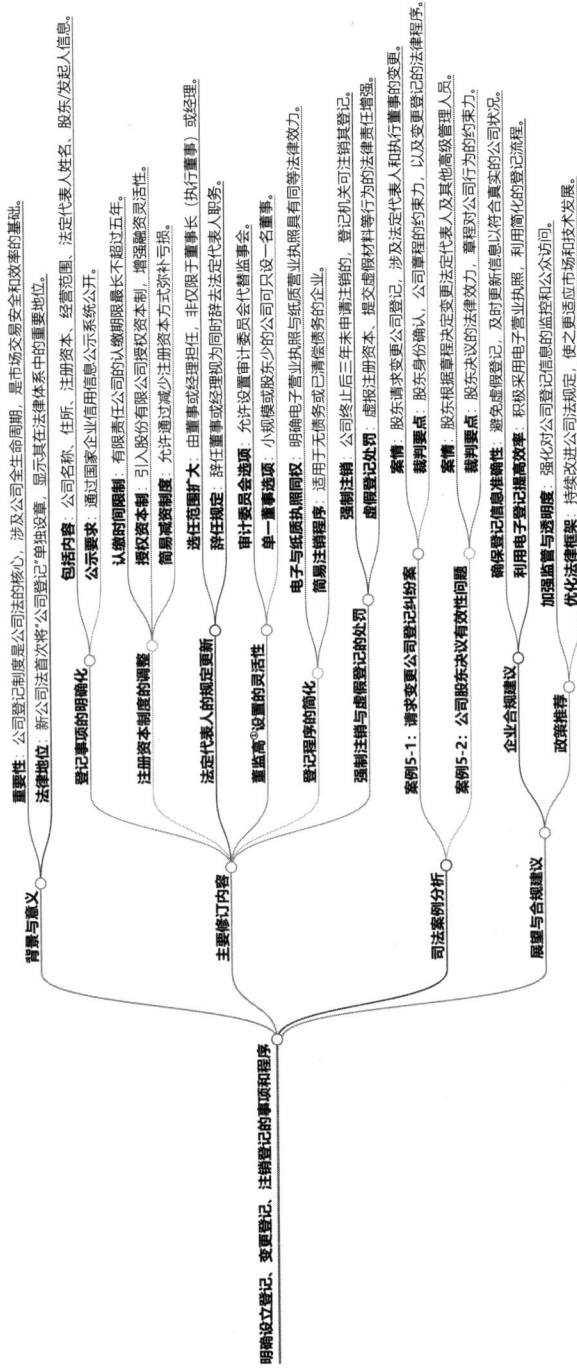

明确设立登记、变更登记、注销登记的事项和程序

背景与意义
- 法律地位
  - 重要性：公司登记制度是公司法的核心，涉及公司全生命周期，是市场交易安全和效率的基础。
  - 法律地位：新《公司法》首次将"公司登记"单独设章，显示其在法律体系中的重要地位。

主要修订内容
- 登记事项的明确化
  - 包括内容：公司名称、注册资本、经营范围、法定代表人姓名、股东/发起人信息。
  - 公示要求：通过国家企业信用信息公示系统公示。
- 注册资本制度的调整
  - 认缴时间限制：有限责任公司的认缴期限最长不超过五年。
  - 授权资本制：引入股份有限公司授权资本制，增强融资灵活性。
  - 简易减资制度：允许通过减少注册资本方式弥补亏损。
- 法定代表人的规定更新
  - 进化职权扩大：由董事或经理担任，非仅限于董事长（执行董事）或经理。
  - 辞任规定：辞任董事或经理视为同时辞去法定代表人职务。
- 董监高①设置的灵活性
  - 审计委员会选项：允许设置审计委员会代替监事会。
  - 单一董事选项：小规模或股东人数少的公司可只设一名董事。
- 登记程序的简化
  - 电子与纸质协同赋权：明确电子营业执照与纸质营业执照具有同等法律效力。
  - 简易注销程序：适用于无债务或已清偿债务的企业。
- 强制注销与虚假登记的处罚
  - 强制注销：公司终止后三年未申请注销的，登记机关可注销其登记。
  - 虚假登记：虚报注册资本、提交虚假材料等行为的法律责任增强。

司法案例分析
- 案例5-1：请求变更公司登记纠纷案
  - 裁判要点：股东请求变更公司登记，涉及登记的约束力、公司章程的约束力，以及变更登记的法律程序。
- 案例5-2：公司股东决议有效性问题
  - 裁判要点：股东身份确认。
  - 裁判要点：股东根据章程决定变更法定代表人及其他高级管理人员。
  - 裁判要点：股东决议的法律效力，及时更新信息以符合真实的登记流程。

展望与合规建议
- 企业合规建议
  - 确保登记信息准确性：避免虚假登记，及时更新营业执照，章程对公司行为的约束力。
  - 加强登记信息透明度：强化对公司登记信息的监控和公众访问。
  - 利用电子登记提高效率：积极采用电子登记信息的监控，使之更适应市场和技术发展。
- 政策维持
  - 优化法律框架：持续改进公司法规定，利用简化的登记流程。

① 即董事、监事和高级管理人员的简称。

第六章 有限责任公司出资额必须五年内实缴到位

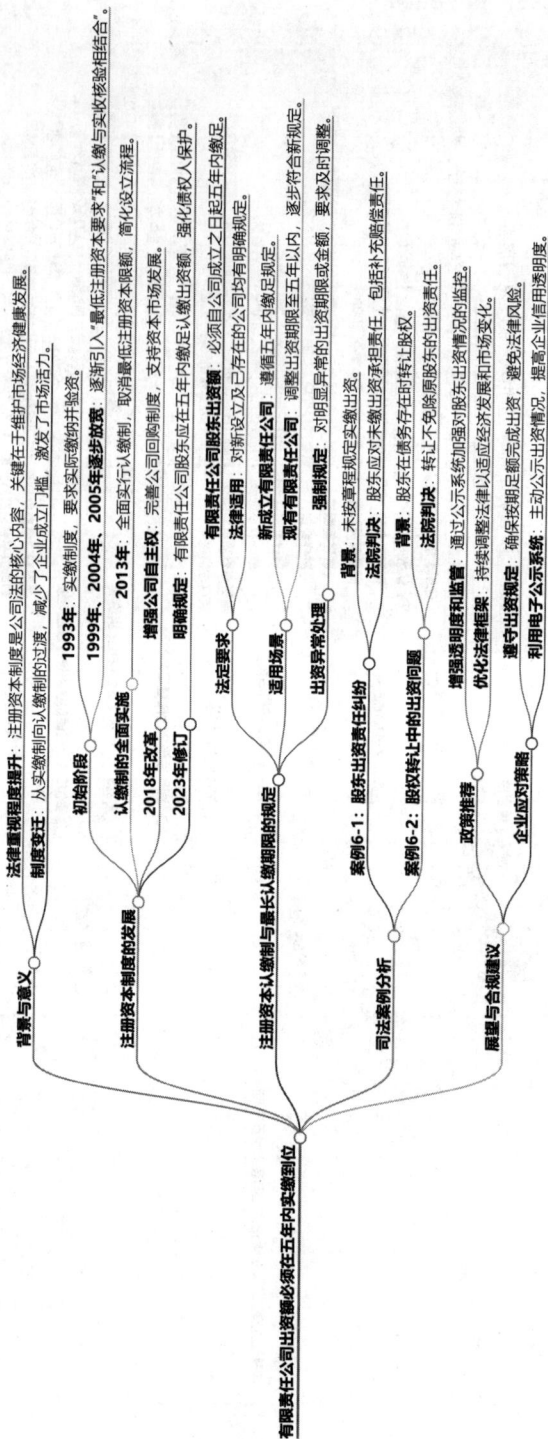

背景与意义
- **法律意义提升**：注册资本制度是公司法的核心内容，关键在于维护市场经济健康发展。
  - **制度变迁**：从实缴制向认缴制的过渡，减少了企业成立门槛，激发了市场活力。

注册资本制度的发展
- **初始阶段**
  - **1993年**：实缴制度，要求实际缴纳的出资金。
  - **1999年、2004年、2005年逐步改变**：逐渐引入"最低注册资本限额，取消最低缴纳比例。
- **认缴制的全面实施**
  - **2013年**：全面实行认缴制，取消最低资本限额，简化设立流程。
  - **2018年改革**
    - **增强公司自主权**：完善公司回购制度，支持资本市场发展。
  - **2023年修订**
    - **明确规定**：有限责任公司股东应在五年内缴足认缴出资额，强化债权人保护。

注册资本认缴制与最长认缴期限的规定
- **法定要求**
  - **有限责任公司股东出资额**：必须自公司成立之日起五年内缴足。
- **适用场景**
  - **法律适用**：对新设立及已存在的公司均有明确规定。
  - **新成立有限责任公司**：遵循五年内缴足规定。
  - **现有有限责任公司**：调整出资期限至五年以内，逐步符合新规定。
- **出资异常处理**
  - **强制规定**：对明显异常的出资期限或金额，要求及时调整。

司法案例分析
- **案例6-1：股东出资责任纠纷**
  - **背景**：未按章程规定实缴出资。
  - **法院判决**：股东应对公司承担责任，包括补充赔偿责任。
- **案例6-2：股权转让中的出资问题**
  - **背景**：股东在转让上存在的出资债务。
  - **法院判决**：转让不免除原股东对出资的责任，债权人可要求原股东承担时转让股权。

展望与合规建议
- **政策维持**
  - **增强透明度和监管**：通过公示系统加强对股东出资情况的监管。
- **优化法律框架**
  - **遵守出资规定**：确保按期足额完成出资，适应经济发展和市场变化。
- **企业应对策略**
  - **利用电子公示系统**：主动公示出资情况，避免法律风险，提高企业信用透明度。

有限责任公司出资额必须在五年内实缴到位

第七章 股权、债权可用于出资

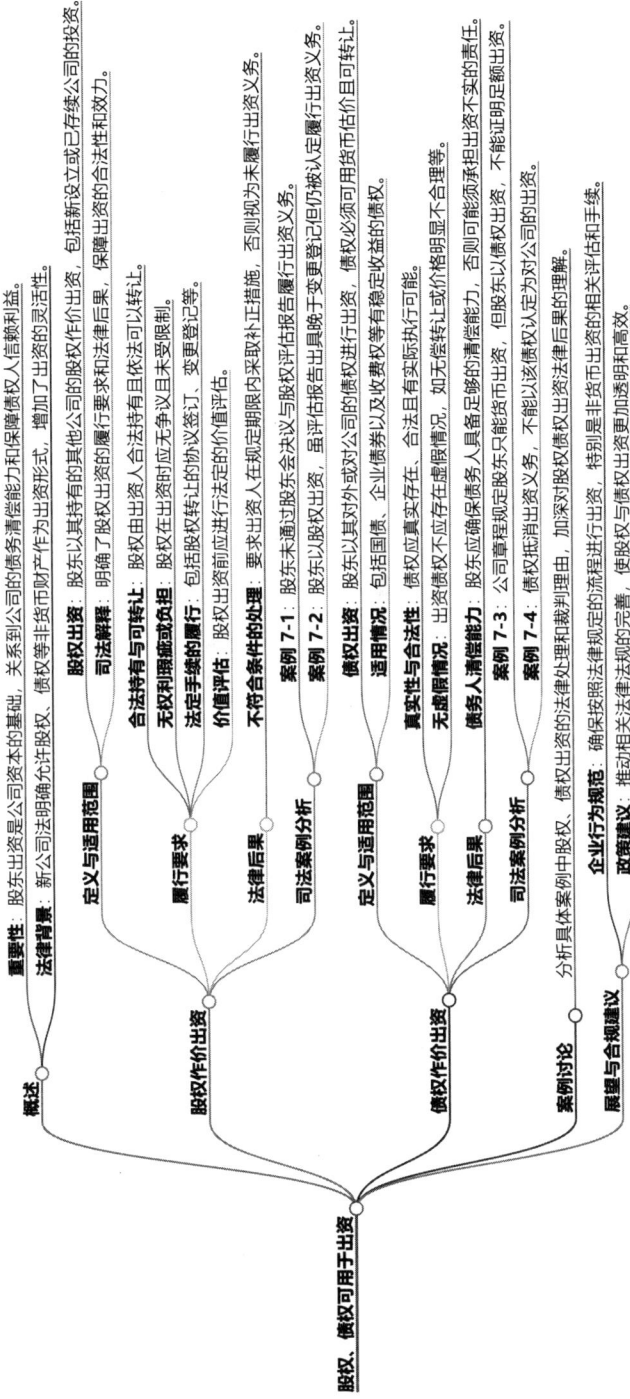

概述
- **重要性**：股东出资是公司资本的基础，关系到公司的债务清偿能力和保障权人信赖利益。
- **法律背景**：新公司法明确允许以股权、债权等非货币财产作为出资形式，增加了出资的灵活性。

股权作价出资
- **定义与适用范围**
  - **股权出资**：股东以其持有的股权作价出资，保障出资的合法性。
  - **司法解释**：明确了股权出资的其他公司的股权作价出资后果，保障出资的合法性和效力。
- **履行要求**
  - **合法转让与可转让**：股权由出资人合法持有且依法可以转让。
  - **无权利瑕疵或负担**：股权在出资时应无争议且未受议限制。
  - **法定手续的履行**：包括股权转让时的协议签订、变更登记等。
- **法律后果**
  - **价值评估**：股权出资前应进行依法定的价评估。
  - **不符合条件的处理**：要求出资人在规定期限内采取补正措施，否则视为未履行出资义务。
- **司法案例分析**
  - **案例 7-1**：股东未通过股东会决议与股权评估后报告履行出资义务。
  - **案例 7-2**：股东以股权出资，虽评估报告出具较早但晚于变更登记6被认定履行出资义务。

债权作价出资
- **定义与适用范围**
  - **债权出资**：股东以其对外或对公司的债权进行出资，债权必须可用货币估价收益的债权。
  - **适用情况**：包括国债、企业债券以及收费权等有稳定收益的债权。
- **履行要求**
  - **真实性与合法性**：债权应真实存在，合法且有实际执行可能。
  - **无偿债情况**：出资债权不应存在虚假的清偿期，如无偿转让或价价不合理。
- **法律后果**
  - **债务人清偿能力**：股东应确保债务人员备足够的清偿能力，否则可能须承担出资，不能证明足额出资。
- **司法案例分析**
  - **案例 7-3**：公司章程规定股东只能货币出资，不能以该债权出资认定为出资后果的理解。
  - **案例 7-4**：债权抵消出资义务，特别是非货币出资的相关评估和手续。

案例讨论
- 分析具体案例中股权、债权出资的法律处理和裁判理由，确保按照法律规定的流程进行出资，加深对股权出资认定为对公司的出资。

展望与合规建议
- **企业行为规范**：确保出资的法律处理和裁判理由，加深对股权出资认定相关法律后果的理解。
- **政策建议**：推动相关法律法规的完善，债权出资与债权出资更加透明和高效。

股权、债权可用于出资

第八章 公司解除股东资格的法定条件

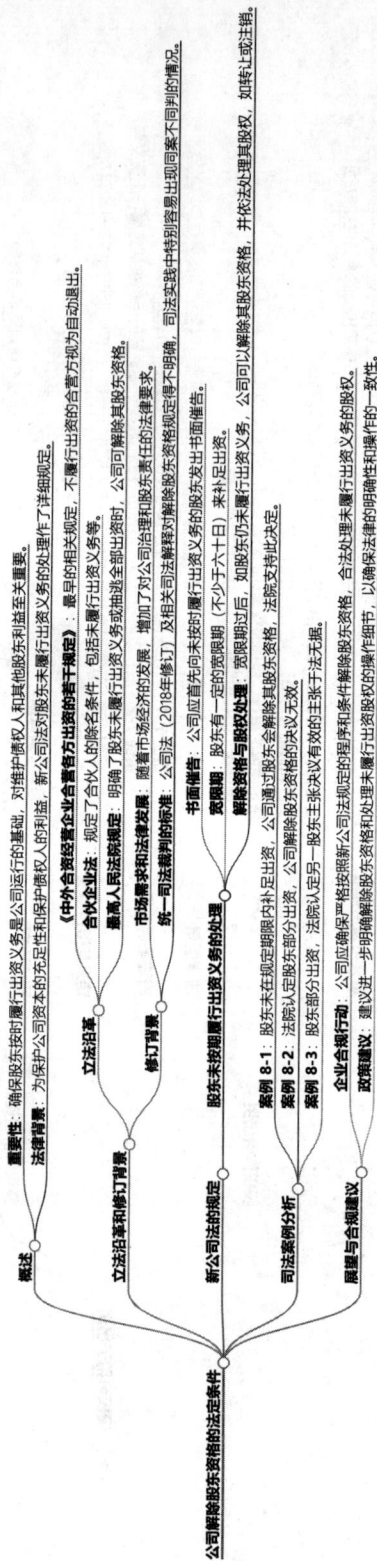

概述
- **重要性**：确保股东按时履行出资义务是公司运行的基础，对维护债权人和保护其他股东利益至关重要。
- **法律背景**：为保护公司资本的充足性和保护债权人的利益，新公司法对股东未履行出资的处理作了详细规定。

立法沿革和修订背景

立法沿革
- **《中外合资经营企业合营各方出资的若干规定》**：最早的相关法律义务等。
- **合伙企业法**：规定了合伙人的除名条件，包括未履行出资义务或者出资义务，不履行出资的含害方或为自动退出。
- **最高人民法院规定**：明确了股东未履行出资义务或抽逃全部出资的，公司可解除其股东资格。

修订背景
- **市场需求和法律发展**：随着市场经济的发展，增加了对公司治理和股东责任的法律要求。
- **统一司法裁判的标准**：公司法（2018年修订）及相关司法解释对解除股东资格发出书面催告，司法实践中特别将容易出现不同判的情况。

新公司法的规定

股东未按期履行出资义务的处理
- **书面催告**：公司应首先向未按时履行出资义务的股东发出书面催告。
- **宽限期**：股东有一定的宽限期（不少于六十日）来补足出资。
- **解除资格与股权的处理**：宽限期过后，如股东仍未履行出资义务，公司可以解除其股东资格，并依法处理其股权，如转让或注销。

司法案例分析
- **案例 8-1**：股东未在规定期限内补足出资，公司通过股东会解除其股东资格。
- **案例 8-2**：法院认定股东部分出资，公司解除股东资格的决议无效。
- **案例 8-3**：股东部分出资，法院认定另一股东主张决议有效性的决议主张不法无理。

展望与合规建议
- **政策行动**：公司应严格按照新公司法规定的程序和条件解除股东资格，合法处理未履行出资义务的股东的股权。
- **政策建议**：建议进一步明确解除股东资格和处理未履行出资的股权的操作细节，以确保法律的明确性和操作的一致性。

公司解除股东资格的法定条件

第九章 保护股东的知情权

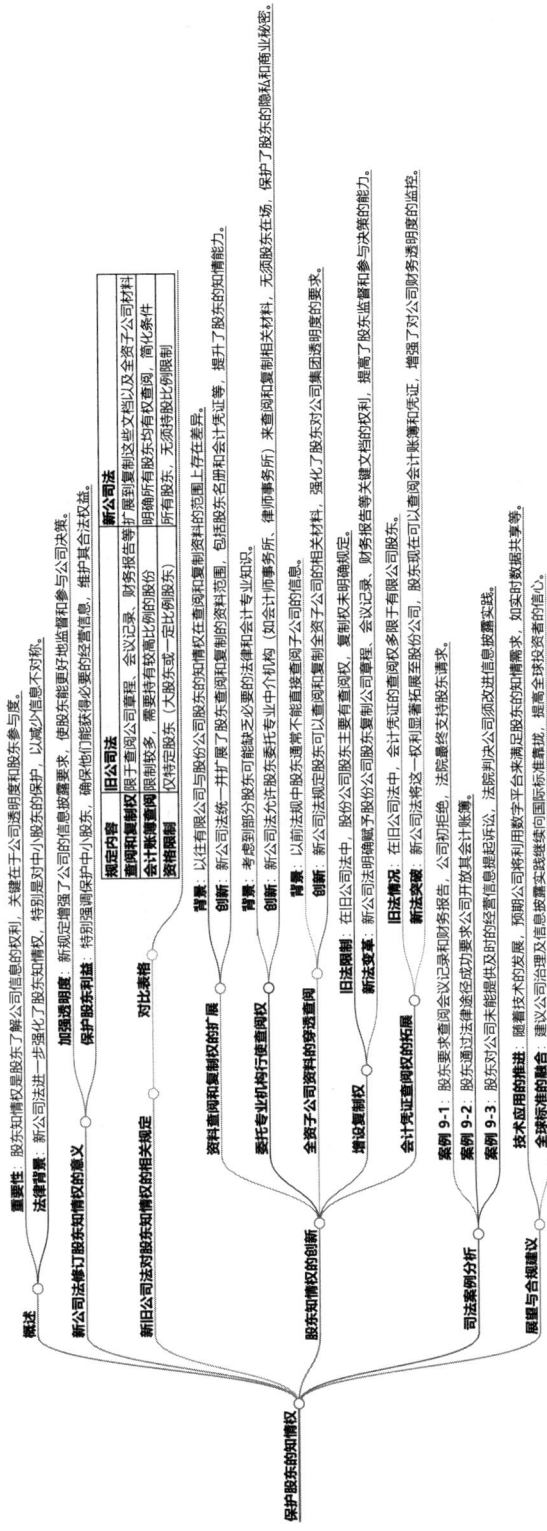

保护股东的知情权

- **概述**
  - 重要性：股东知情权是股东了解公司信息的权利，关键在于公司透明度和股东参与度。
  - 法律背景：新公司法修订股东知情权，进一步强化了股东的知情权。

- **新公司法修订股东知情权的意义**
  - 加强透明度：新规定提高了子公司的信息披露要求，确保股东能更好地监督和参与公司决策。
  - 保护股东利益：特别强调保护中小股东，以减少股东信息不对称。

- **新旧公司法对股东知情权的相关规定**
  - 对比表格

规定内容	旧公司法	新公司法
查询和复制权	限于查阅公司章程、会议记录、财务报告等	扩展到复制权等扩展到复制权以及全文档以及全资子公司资料材料，提升了股东的知情能力。
会计账簿查阅	限制较多，需要持有较高比例的股份	明确所有股东均有权查阅，简化条件
资料查阅期	仅特定股东（大股东或一定比例股东）	所有股东，无论持股比例限制

- **股东知情权的创新**
  - 资料查阅和复制权的扩展
    - 背景：以往有限公司与股份有限公司股东的知情权在查阅和复制资料的范围，包括股东名册和会计凭证等
    - 创新：新公司法统一并扩展了股东的知情权在查阅和复制的资料范围，提升了股东的知情能力。
  - 委托专业机构行使查阅权
    - 背景：考虑到部分股东可能缺乏必要的法律和会计专业知识
    - 创新：新公司法允许股东委托专业中介机构（如会计师事务所、律师事务所）来查阅和复制相关材料，无须股东在场，无须股东在场，保护了股东的隐私和商业秘密。
  - 全资子公司资料的务查阅权
    - 创新：以前法规对股东通常不能被查阅公司的相关材料，复制权复制全资子公司相关材料，强化了股东对公司集团透明度的要求。
  - 增设复制权
    - 旧法规辅：在旧公司法中，股份仅提供查阅权。
    - 新法变革：新公司法明确赋予股份公司的相关复制权和公司章程、会议记录、财务报告等关键文档的权利，提高了股东监督与参与决策的能力。
  - 会计凭证查阅权的扩展
    - 旧法情况：在旧公司法中，会计凭证的查阅权多限于有限公司股东。
    - 新法突破：新公司法将这一权利显著拓展至股份公司，股东现在可以查阅会计账簿和凭证，增强了对公司财务透明度的监控。

- **司法案例分析**
  - 案例 9-1：股东要求查阅会议记录和财务报告，公司初则拒绝，法院最终支持股东请求。
  - 案例 9-2：股东通过法律途径成功获取公司开放其会计账簿。
  - 案例 9-3：股东对公司未能提供其投资所需的经营信息提起诉讼，法院判决公司必须改进信息披露实践。

- **展望与合规建议**
  - 全球标准的融合：建议公司治理及信息披露实践继续向国际标准靠拢，提高全球投资者的信心。
  - 技术应用的深化：随着技术的发展，预期公司利用数字平台来满足股东的知情需求，如实现数据共享等。

第十章 完善公司股权转让规则

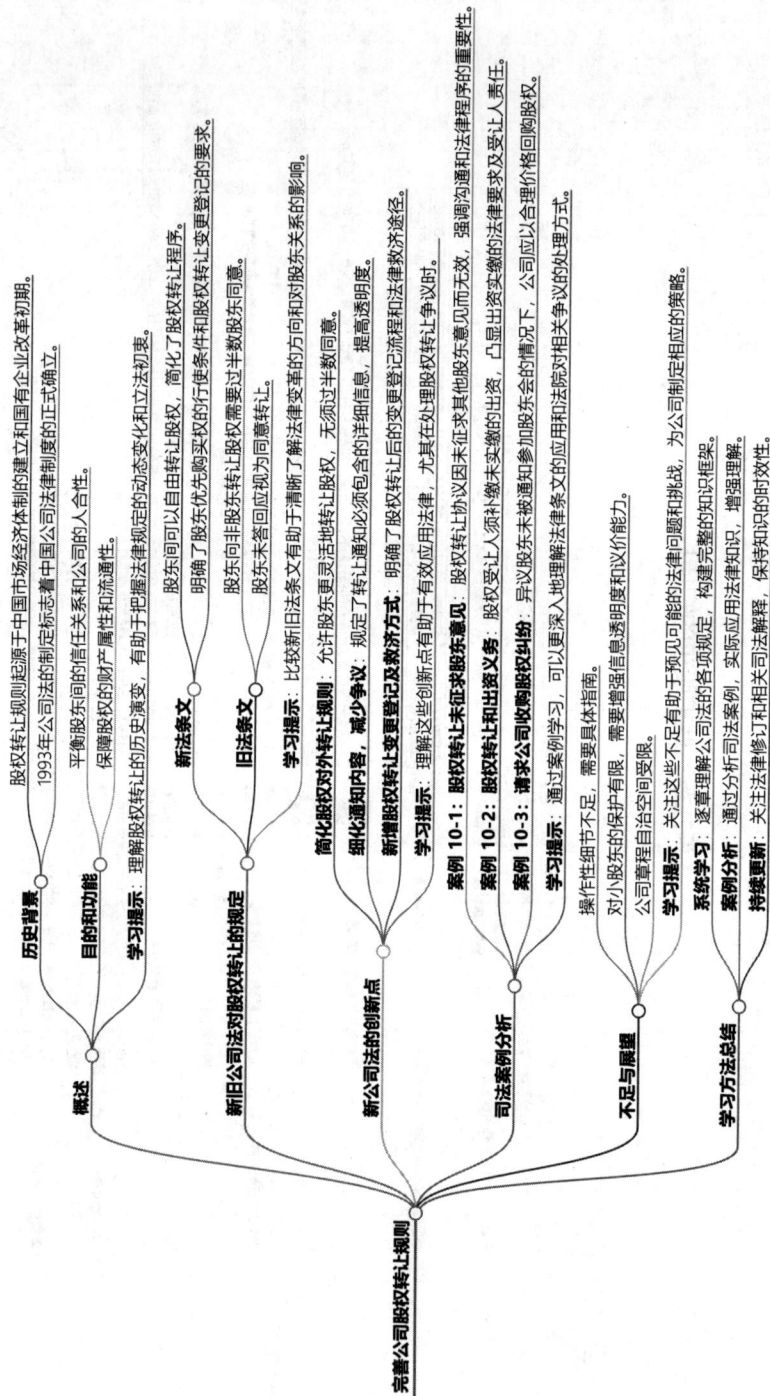

历史背景　股权转让规则起源于中国市场经济体制的建立和国有企业改革初期。
　　　　　　　1993年公司法的制定标志着中国公司法律制度的正式确立。

目的和功能　平衡股东间的信任关系和公司的人合性。
　　　　　　　保障股权的财产属性和流通性。

学习提示： 理解股权转让的历史演变，有助于把握法律规定的动态变化和立法初衷。

新法条文　股东间可以自由转让股权，简化了股权转让程序。
　　　　　　　明确了股东优先购买权的行使条件和股权转让变更登记的要求。

旧法条文　股东向非股东转让股权需要过半数股东同意。
　　　　　　　股东未答复应视为同意转让。

学习提示： 比较新旧法条有助于清晰了解法律变更的方向和对股东关系的影响。

简化股权对外转让规则　允许股东更灵活地转让股权，无需过半数同意。

细化通知内容、减少争议　规定了转让通知必须包含的详细信息，提高透明度。

新增股权转让变更登记及救济途径　明确了股权转让后的变更登记流程和法律救济途径。

学习提示： 理解这些创新点有助于有效应用于法律，尤其在处理股权转让争议时。

案例 10-1：股权转让未征求股东意见　股权转让协议未征求其他股东意见而无效，强调沟通和法律程序的重要性。

案例 10-2：股权转让和出资义务　股权受让人须补缴未实缴的出资，凸显出资实缴的法律要求及受让人责任。

案例 10-3：请求公司收购股权纠纷　异议股东未被通知参加股东会的情况下，公司应以合理价格回购股权。

学习提示： 通过案例学习，可以更深入地理解法条文的应用和法院对相关争议的处理方式。

操作性细节不足，需要具体指南。

对小股东的保护有限，需要增强信息透明度和议价能力。

公司章程自治空间较大。

学习提示： 关注这些不足有助于预见可能的法律问题和挑战，为公司制定相应的策略。

系统学习： 逐章理解公司法的各项规定，构建完整的知识框架。

案例分析： 通过分析司法案例，实际应用法律知识，增强理解。

持续更新： 关注法律修订和相关司法解释，保持知识的时效性。

概述

新旧公司法对股权转让的规定

新公司法的创新点

司法案例分析

不足与展望

学习方法总结

完善公司股权转让规则

第十一章 有限责任公司控股股东滥权情形下其他股东可行使回购请求权

有限责任公司控股股东滥权情形下其他股东可行使回购请求权

概述
- 公司法(2018年修订)以"资本多数决"解决决议分歧,可能损害中小股东权益。
- 大股东可能滥用权力。
- 原公司法第七十四条(新公司法第八十九条)规定的异议股东回购请求权适用范围有限,易触碰限制。
- 新公司法新增股东回购请求权,为中小股东提供救济渠道。

有限责任公司股东回购请求权的立法演进
- **早期阶段**
  - 设立异议股东回购请求权制度。
- **2003年**:规定了公司合并、转让等情形下异议股东回购的回购权,但未正式发布。
- **2005年公司法**
  - 公司连续五年不分配利润、转让主要财产、章程期限届满等情形。
  - 规定了六十日内协商不成,九十日起诉的期限。
- 公司法(2018年修订):沿用该条情形。
- 公司法(2018年修订)第七十四条(新公司法第八十九条)未规定控股股东滥权问题。

新公司法关于有限责任公司股东回购请求权的修订背景

主体资格问题
- 在实践中,异议股东行使权时存在困难。
  - 仅限于"对股东会该项决议投反对票的股东"。
  - 无投票权股东、出资瑕疵等。
  - 未召开股东会。
  - 公司增资等情形一般认为不属于"异议股东",不享有权利。
  - 大股东压制,采取消极不合作方式。
  - 部分法院认定需满足回购条件。
  - 未投反对票,但因身份问题未能参加股东会。
  - 丰因自身过错未能参加股东会。
  - 未投反对票,但明确提出反对意见。
  - 最高人民法院案例支持,但无法律明确规定。
  - 单证责任在董事,须证明公司存在具体分配方案但被股东会决议。
  - 与股东知情权相关,实务中较适用。

回购权条件的滥用及对于有利的问题
- 连续五年盈利,符合分配利润条件但因连续五年不分配的股东。
- 公司合并、分立、转让主要财产。
  - 合并、分立、转让主要财产
  - "转让主要财产"的判断标准不一致,考察是否影响公司正常经营位置利。
  - 有的法院采取(度)的判断标准。
  - 有的法院认为只要转让主要财产即可。

股权回购后处置方法的问题
- 公司法(2018年修订)第一百四十一条规定了股份有限公司回购股份后的处置方式,但不都作为有限责任公司的具体其规定。
- 长时间内不处置股权不利于公司提供了操作路径。

新公司法关于有限责任公司股东回购请求权行使下其他股东行使回购请求权的影响
- 新增规定:中小股东难以适用异议股东回购权的困境。
- 新增规定:控股股东滥用股东权利,严重损害公司或者其他股东利益的,其他股东有权请求公司按照合理的价格收购其股权。
- 为中小股东提供了回购权的处置方式。
- 新增制度,公司回购后不适用第三款规定的收购价格的转让要件。
- 明确了股权回购后的处置方式。
- 第二百二十五条和规定了控股股东承担相应责任。
- 其他股东有权请求公司按照合理的价格收购其股权,应当在六个月内依法转让或者注销。
- 股东有权请求公司的本款。

司法案例分析
- **案例11-1**:直诉上海某建设发展有限公司股东回购权纠纷诉的对策。
  - 基本案例
  - 案件评价:大股东以公平增资扩股稀释,抽薄小股东权益,否则应承担民事责任。
  - 新公司法施行后,股东可以选择要求公司回购其股权。
- 新公司法施行前,只能依据旧公司法。
- 新公司法施行后,对于控股股东滥用情形以及严重损害公司或者中小股东利益不一致。
- 留存控股股东滥权的操作空间。

新公司法修订后股东回购请求权适用标准的问题以及建议
- 新增救济表达意见,可能导致司法认定标准不一。
- 建议中小股东关注这些问题的进一步。

展望
- 为保护中小股东权益,新公司法新增控股股东滥权。
- 赋予了中小股东在损害股东回购请求权和制度的。
- 中小股东可以选择决议撤销确认、股东代表诉讼,还可以行使股权回购请求权,从而彻底退出公司。

第十二章　新增专章 "国家出资公司组织机构的特别规定"

新增专章 "国家出资公司组织机构的特别规定"

导论
- **核心地位**：公司法是社会主义市场经济体制的基础性法律。
- **修订背景**：总结国企改革成果，适应改革需要，从"国有独资公司"扩展为"国家出资公司"。
- **适用范围**：明确国家独资公司范畴（包括有限责任公司和国有独资公司）。
- **内容提炼**：
  - 强调完善国家出资公司的领导、核心地位和治理要求。
  - 新增合规治理要求。
- **学习提示**：关注新章节适用的背景，理解修订的必要性。

"国家出资公司"的概念界定
- **范围扩大**：从国有独资公司扩展到国有资本控股公司，与企业资产产权对比，不包括国有参股公司。
- **对比分析**：与12章等多对比，国有实际控制企业一脉相承。
- **理解要点**：
  - 规范对象：国家出资的企业，国有独资的组织机构。
  - 层级：可能包括一级公司……
  - 公司概念企业：公司法规范的是公司国家出资企业。
- **学习提示**：除国资委，还包括其他部门、机构（党政部门、财政部门、金融部门、公办单位等），国有独资控股的有限责任公司，国有独资控股的股份有限公司。

公司治理结构的特别规定
- **党的领导与合规治理**
  - **法律地位**：明确党组织在国家出资公司治理结构中的核心地位。
  - **融入章程**：将党建工作融入公司章程，明确党组织的职权范围。
  - **决策程序**：企业重要决策应由党组织先行研究和讨论……最终由决策机构在董事会……
  - **制度建设**：建立完善公司内部监督体系和决策制约机制，加强内部合规管理。
  - **时代意义**：新时代（从党的十七大……十九大……）
  - **学习提示**：理解党对国有企业的领导地位的内涵和发展，掌握合规治理的制度要求。
- **股东会**
  - **职权**：不设股东会，由履行出资人职责的机构行使股东会职权。
  - **意义**：简化了企业的决策程序。
  - **结构**：增加了对外部董事的要求。
- **董事会**
  - **董事长**：董事会成员由履行出资人职责的机构及董事会成员并任董事长，以董事会下设审计委员会代表监委会监督……
  - **学习提示**：掌握国有独资公司三会之间的特殊规定，理解外部董事制度和单层制安排的意义。
- **监事会**：明确国有独资公司也可适用单层制安排。

国有出资企业退出的常见途径
- **进场交易**
  - **交易场所**：任何法定设立的产权交易场所（机构）、审计评估、职工安置、信息披露、挂价、合同签订、价款支付……
  - **决策**：内部决议（全体股东一致同意）。
  - **挂牌**：编制产权转让方案，审计评估，职工安置，内部决策严谨。
  - **实施**：实施转让方案。
  - **登记**：办理变更登记。
- **非公开协议转让**
  - **适用情形**：涉及国家安全、国民经济命脉的重要行业和关键领域相关企业的重要子公司的重组整合；同一国家出资企业及其各级控股企业或实际控制企业之间实施的重组整合。
- **无偿划转**
  - **适用情形**：适用于行政机构、事业单位。
  - **流程**：可行性研究、职工安置、内部决策、通知债权人、清产核资、账务调整、工商登记。
  - **登记**：办理变更登记。
- **解散公司**
  - **成立清算组**
    - **通知**：通知债权人并公告。
    - **方案**：制订清算方案。
    - **注销**：申请注销登记。
  - **学习提示**：掌握国有出资企业退出的各种方式及其操作流程，注意不同方式的适用条件和法律要求。

司法案例分析
- **案例12-1**：国某发展有限公司与广州市隆某开发公司股权／债权的责及债权人撤销权，国有股权转让且未平等主体之间的民事行为，可予撤销。
- **案例12-2-1**：北京某投资有限公司与北京某某某高新技术产业投资中心，企业未经产权交易场所进行的转让属于无效，均出为应依法进行清算核查，如无法进行持续核查，不宜直接认定属无效。
- **案例12-2-2**：珠海某先互联股权……未在产权交易场所进行的股权转让的效力，某日环保集团的有限责任公司股权转让法律效力分析。
- **争议焦点**：国有股权转让行为的效及债权人撤销权。
- **法院观点**：国有股权转让且属平等主体之间的民事行为。
- **实务要点**：未在产权交易场所进行的国家股权转让的效力，获得有关主管机关认可后，不直接确认无效以可认为无效。

结论与展望
- **法律体系**：新公司法第十二章为国有企业的改革和治理提供了更加完善的法律体系和理论支持。
- **实践保障**：有助于提高国有企业的规范和运作能力，为国有企业改革和治理提供有力的法律保障。
- **未来方向**：进一步完善相关法律制度，推动国有企业高质量发展。

第十三章 公司董监高必知的重大合规义务和风险

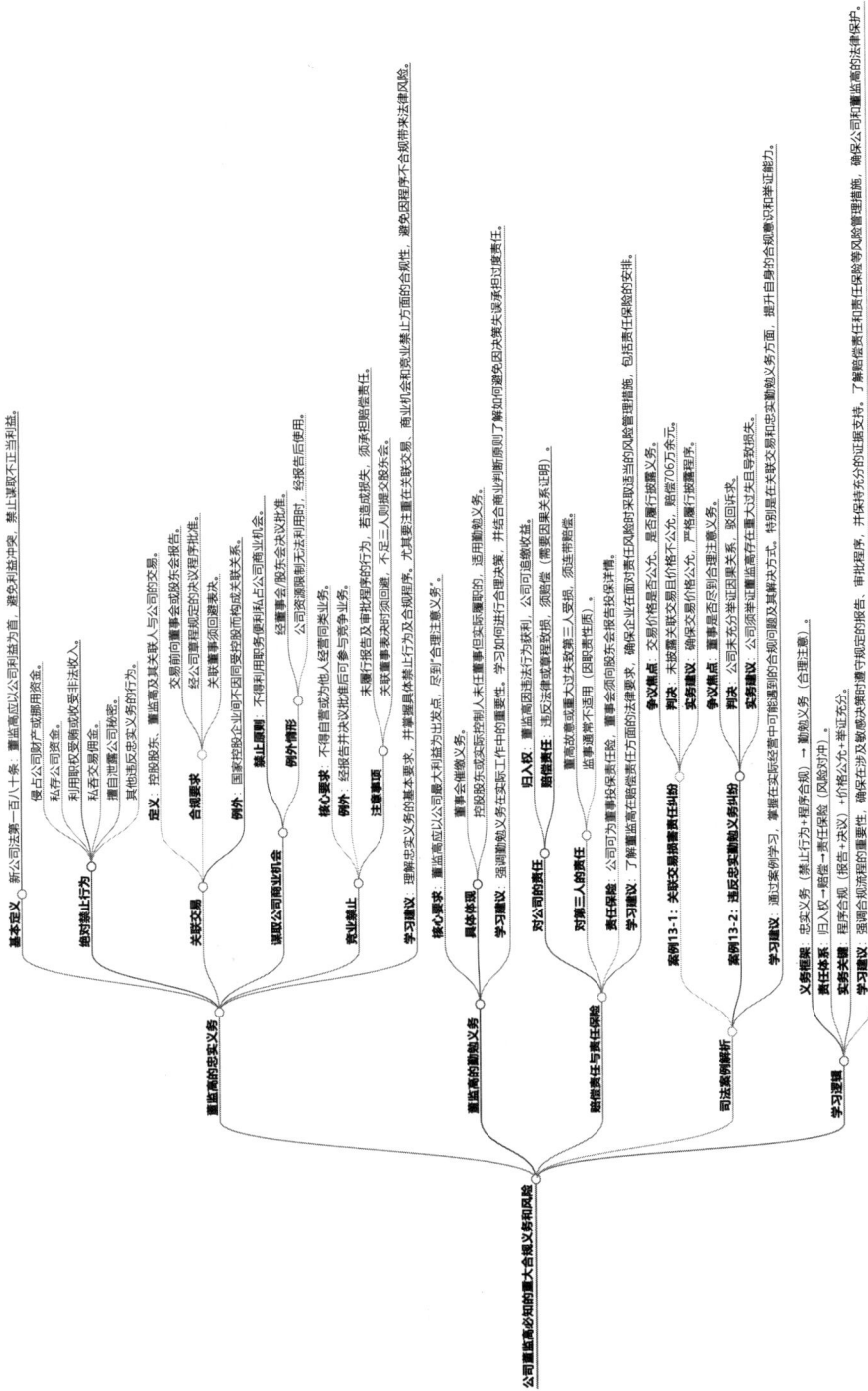

公司董监高必知的重大合规义务和风险

董监高的忠实义务

- **基本定义**：新公司法第一百八十条，董监高应以公司利益为首，置自身利益于不顾，避免利益冲突，禁止谋取不正当利益。
- **绝对禁止行为**
  - 侵占公司财产或挪用资金。
  - 私存交易佣金。
  - 利用职权交易贿赂或收受非法收入。
  - 擅自披露公司秘密。
  - 其他违反忠实义务的行为。
- **关联交易**
  - 定义：控股股东、董监高及其关联人与公司的交易。
  - 交易需经及其关联人与公司的交易。
  - 经董事会或股东会报告。
  - 合规要求：经公司程序规定的决议程序批准。
  - 例外：关联董事和监事表决。
- **谋取公司商业机会**
  - 禁止原则：不得利用职务便利私占公司商业机会。
  - 例外情形：经董事会/股东会决议批准，经报告后使用。公司资源限制无法利用时，经报告后使用。
- **竞业禁止**
  - 核心要求：不得自营或为他人经营同类业务。
  - 例外：经报告并决议批准后须同意，不足三人则限交股东会。与竞争业务。
  - 注意事项：关联董事表决及审批程序的行为，尤其要注意董监在关联交易。
- **学习建议**：理解忠实义务的基本要求，并掌握具体执行方法及合规要点，尽到合理注意义务。

董监高的勤勉义务

- **核心要求**：董监高应以公司最大利益为出发点，并兼顾公司实际运营状况，商业判断和决策应符合公司利益，适用勤勉义务。
- **具体体现**
  - 董事会会议义务。
  - 控股股东或实际控制人未任董事会所属工作中的重要性。学习如何进行合理决策，并结合商业判断原则了解如何避免因决策失误承担过度责任。
- **学习建议**：强调勤勉义务在实际工作中的重要性，学习如何进行合理决策，公司可追偿收益。
- **对公司的责任**
  - 归入权：董监高因违法行为致损，公司应追偿收益。
  - 赔偿责任：违反法定或章程规定，须赔偿（需要因果关系证明）。
- **对第三人的责任**
  - 董事故意或重大过失致第三人损损，须连带赔偿。
  - 监事通常不适用（因职务性质）。
- **责任保险**：公司可为董事投保保险，董事会全面保护责任，确保企业在面对责任风险时的采取适当的风险管理措施，包括责任保险的安排。
- **学习建议**：了解董监高责任的具体类型和相应法律，了解赔偿责任和保险等风险管理措施，确保公司和董监高实物对勤勉义务，提升自身的合规认知和证证能力。

司法案例剖析

- **案例13-1：关联交易损害责任纠纷**
  - 争议焦点：交易价格是否公允，是否履行披露义务。
  - 判决：未披露关联交易且价格不公允，赔偿706万余元。
  - 实务要点：确保关联交易程序合法、公允，严格履行披露程序。
- **案例13-2：违反忠实勤勉义务纠纷**
  - 争议焦点：董事是否尽到合理注意义务。
  - 判决：公司未尽证证重大过失及其解决决定，回应诉求。
  - 实务要点：公司需证证监高存在违规问题及其解决方式，特别是在关联交易和忠勤勉义务方面。
- **学习建议**：通过案例学习，掌握在实际运营中可能遇到的各种合规问题及其防范措施（合理注意）。

学习逻辑

- **义务体系**：忠实义务（禁止行为+程序保合规）→勤勉义务（风险对冲）。
- **责任体系**：归入权→赔偿（报告+决议）+价格公允→举证充分。
- **实务核心**：程序合规（报告+决议）+价格公允→举证充分。
- **学习建议**：强调合规流程的重要性，确保在涉及敏感决策问题时遵守相关的合规报告、审批程序，并保持充分的证据支持，了解赔偿责任和保险等风险管理措施，确保公司和董监高的法律保护。

第十四章 公司合并、分立、增资、减资的重大变化

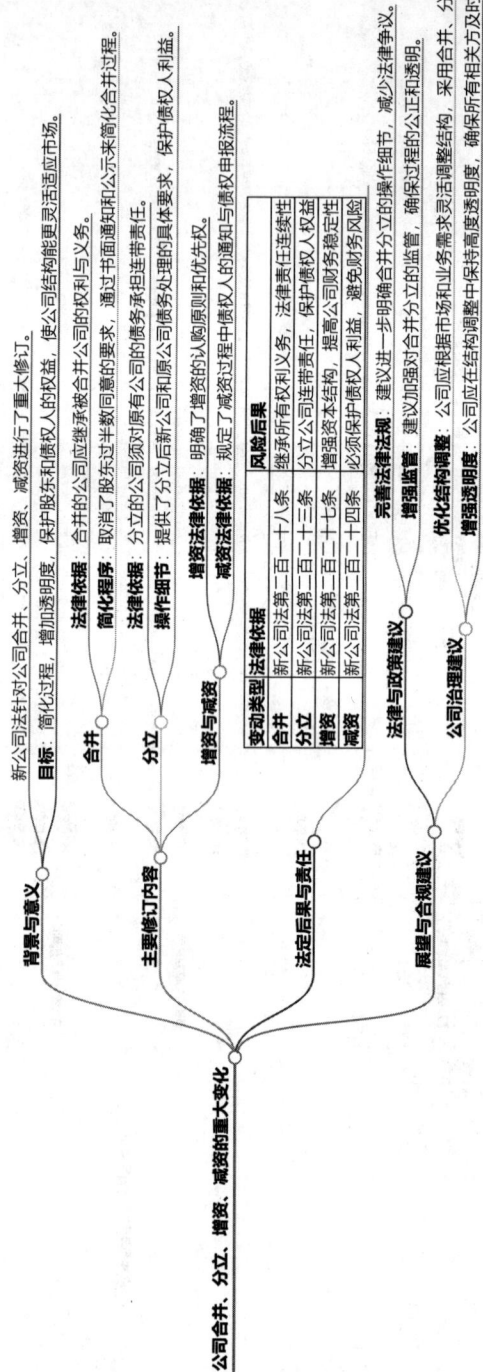

背景与意义

- **目标**：简化过程，增加透明度，保护股东与债权人的权益。

新公司法针对公司合并、分立、增资、减资进行了重大修订。

主要修订内容

合并
- **法律依据**：合并的公司应继承被合并公司的权利与义务。
- **简化程序**：取消了股东半数同意的要求，使公司结构能更灵活适应市场。

分立
- **法律依据**：分立的公司仍须对原有公司的债务承担连带责任。
- **操作细节**：提供了分立后新公司和原公司债务处理的具体责任。

增资与减资
- **增资法律依据**：明确了增资的认购原则和优先权。
- **减资法律依据**：规定了减资过程中债权人的通知与债权申报流程。

通过书面通知和公示来简化合并过程，保护债权人利益。

法定后果与责任

变动类型	法律依据	风险后果
合并	新公司法第二百二十八条	继承所有权利义务，法律责任连续性
分立	新公司法第二百二十三条	分立公司连带责任，保护债权人权益
增资	新公司法第二百二十七条	增强资本结构，提高公司财务稳定性
减资	新公司法第二百二十四条	必须保护债权人利益，避免财务风险

展望与合规建议

法律与政策建议
- **完善法律法规**：建议进一步明确合并分立的操作细节，减少法律争议。
- **增强监管**：建议加强对合并分立的监管，确保过程的公正和透明。

公司治理建议
- **优化结构调整**：公司应根据市场和业务需求灵活调整结构，采用合并、分立、增资或减资策略。
- **增强透明度**：公司应在结构调整中保持高度透明，确保所有相关方及时了解公司动态。

公司合并、分立、增资、减资的重大变化

第十五章　完善公司退出机制，优化公司解散与清算

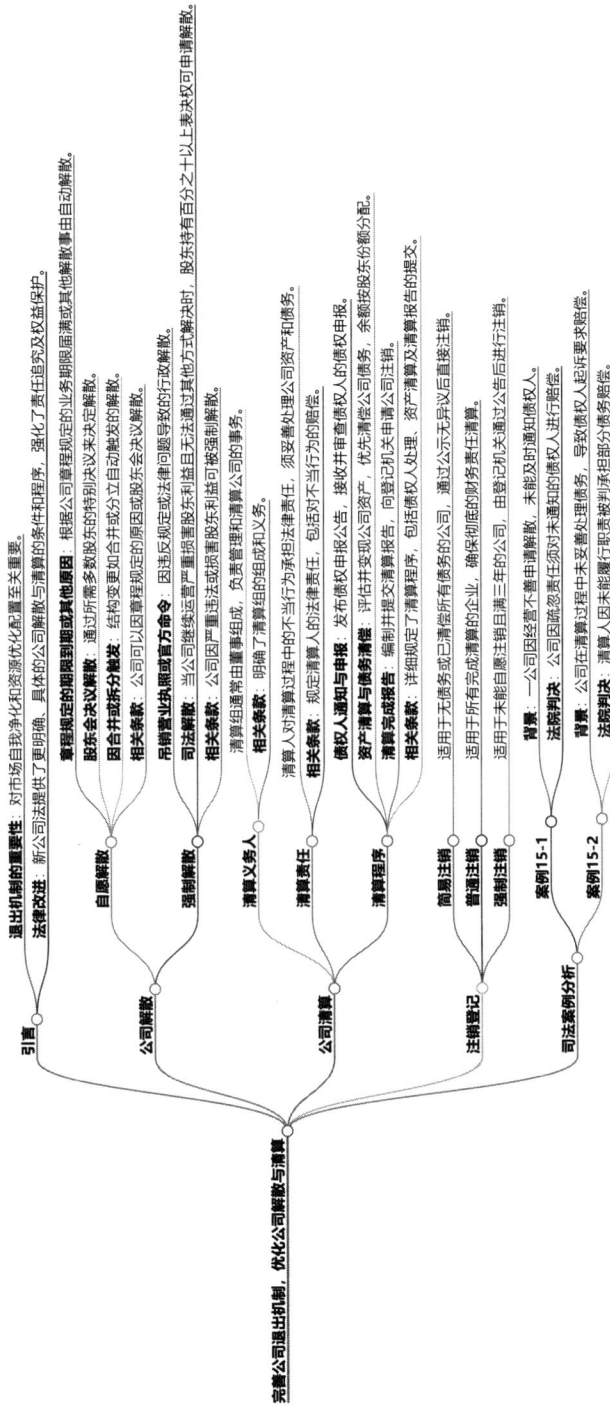

完善公司退出机制，优化公司解散与清算

引言
- 退出机制的重要性：对市场自我净化和资源优化配置至关重要。
- 法律改进：新公司法提供了更明确、具体的公司解散与清算的条件和程序，强化了责任追究及权益保护。

公司解散
- 章程规定的期限到期或其他原因：根据公司章程规定的特别决议未决定解散。
  - 股东会决议解散：通过所需多数股东的特别决议或经公司股东会决议解散。
  - 因合并或分散发：结构变更或合并致的原因或股东会决议解散。
- 相关条款：公司可以因章程规定的原因或因经营问题导致的行政解散。
- 吊销营业执照或责令命令：因违反规定运营或违法律问题导致的行政解散。
- 相关条款
- 司法解散：当公司继续运营严重损害股东利益且无法通过其他方式解散决时，股东持有百分之十以上表决权可申请解散。
- 相关条款：因违反法律规定或损害股东利益可被强制解散。
- 清算组通常由董事组成，负责管理和清算公司的事务。
- 相关条款：明确了清算组的组成和义务。

清算义务人
- 相关条款：清算人对清算过程中承行为相法律责任。

清算责任
- 相关条款：规定清算人的法律责任，包括对不当行为的赔偿。

公司清算
- 债权人通知与申报：发布债权申报公告，接收并审查债权人的债权申报。须妥善处理公司资产和债务。
- 资产清算与债务清偿：评估并变现公司资产，优先清偿公司债务。
- 清算完成报告：编制并提交清算报告，包括清偿债务处理，资产清算及清算报告的提交。
- 相关条款：详细规定了清算程序，包括债权人处理。

注销登记
- 简易注销：适用于无债务或已清偿所有债务的公司，通过公示无异议后直接注销。
- 普通注销：适用于所有完成清算的企业，确保彻底的财务责任清算。
- 强制注销：适用于未能自愿注销且满三年的公司，由登记机关通过公告后进行注销。

司法案例分析
- 案例15-1
  - 背景：一公司因经营不善不申请解散，未能及时通知债权人。
  - 法院判决：公司因疏忽责任未对未通知的债权人进行赔偿。
- 案例15-2
  - 背景：公司清算过程中未妥善处理债务，导致债权人起诉要求赔偿。
  - 法院判决：清算人因未能履行职责被判承担部分债务赔偿。

目录 CONTENTS

第一章

一键解锁"现代企业制度"

一、现代企业制度的历史沿革

（一）现代企业制度的形成

现代企业制度是指以市场经济为基础，以完善的企业法人制度为主体，以有限责任制度为核心，以公司企业为主要形式，以产权清晰、权责明确、政企分开、管理科学为条件的新型企业制度。

现代企业制度的形成，可以追溯到 19 世纪 80 年代，随着现代工商业发展与大规模生产、大规模销售的结合，公司规模不断扩大，股东增多，业务日益复杂化。股东亲自担任高层经理人员、只有中低层经理人员才由支薪雇员担任的做法，越来越不符合经济发展规律。因此，在大公司中，高层经理人员不再由股东亲自担任，而是由代表全体股东的董事会聘用具有专业经营管理能力的人员对公司进行管理。

第一次世界大战后，大公司的股权分散化发展迅速，股东人数急剧增加，高层管理权逐渐转移到支薪雇员手中。第二次世界大战后，主要资本主义国家大公司的股权进一步分散化。

例如，美国某公司的股东人数 1931 年为 64 万余人，到 1984 年则增加到 324 万余人。由于大公司需要专业的经理人员进行管理，非控股股东，甚至完全不占有股份的经理人员也可能控制公司。

由此可见，随着企业规模的扩张以及与之伴随的技术和管理过程的复杂化，现代公司的发展呈现出"所有权与经营权分离"的特点，这一过程也可以理解为"经理人员资本主义的兴起和企业主资本主义的衰落"。在过去的企业主企业或家族企业中，企业主本人与其亲密伙伴或家族成员在企业的高阶层管理中处于支配地位。但是，除非这些人本身受过职业训练，否则他们很难在高阶层管理中发挥作用。现代企业制度的建立决定了高阶层管理不再单纯看人员掌握股份的多少，而是看其经营管理能力的高低。

（二）中国特色现代企业制度的发展

在当代中国，现代企业制度这一概念的演进是随着经济体制改革实践的不断深入而逐渐确定的，至于"现代企业制度"这一概念的真正确定，还是在社会主义市场经济体制的理念形成与政策选择之后。1992 年，党的十四大明确提出建立社会主义市场经济体制的目标。随后，十四届三中全会通过了《中共中央关于建立社会主义市场经济体制若干问题的决定》，其中明确提出要"建立适应市场经济要求，产权清晰、权责明确、政企分开、管理科学的现代企业制度"，并指出"以公有制为主体的现代企业制度是社会主义市场经济体制的基础"。在此之后，理论界才逐渐有更多的人参与国有企业建立现代企业制度的讨论。

党的二十大报告明确提出，要"完善中国特色现代企业制度，弘扬企业家精神，加快建设世界一流企业"，这一要求明确构建了规则维度的"中国特色现代企业制度"、理念维度的"企业家精神"和实体维度的"世界一流企业"。这个系统的三维结构具有内在统一性和相互支撑性，共同构成宏观视域下当代中国企业运行态势的总体预设和发展目标。

二、现代企业制度的概念与内涵

较之此前的"现代企业"概念，"现代企业制度"概念不仅增加了"制度"这一结构性内涵，而且随着经济社会的发展，它也有了规定性变化，主要体现在以下几个方面。

1. 现代企业的基本特征是由管理范畴向治理范畴转化，而企业在市场机制下得以自主经营成为企业现代性的主要标志。

2. 企业现代性建构突破原有计划经济体制的观念束缚与体制障碍以适应市场经济体制，其产权清晰、权责明确、政企分开、管理科学诸构成要素，只有通过制度化，方能有机统一于同一企业，因而面向现代企业的制度化建构成为重要的改革任务。

3. 现代企业制度概念具有明显的法律构成要素，其表现为生产关系的政治经济学表达转化为权利义务关系的法律及法学表达。

"产权清晰"是以权利为媒介设定投资者与企业的法律关系，使得具有法律属性的产权关系成为现代企业制度的首要特征；"权责明确"则是以权利、权限、义务、责任等法律规范要素，确定企业及其投资者与企业经营管理者的法律关系；"政企分开"包括在民商法、行政法层面，区别政府部门与企业之间的法定地位与法律关系，如确立公司是拥有全部法人财产权的企业法人；而"管理科学"则同样是对完善现代企业治理结构的法律提出的建构原则与效能要求，如对公司权力、执行和监督机关的合理设置。可见，现代企业制度概念的规范化和观念的对象化，离不开相关法律的制定与实施。我国在确立社会主义市场经济体制之后，即于1993年制定了《中华人民共和国公司法》（以下简称公司法），并且在第一条中声明，其宗旨是"为了适应建立现代企业制度的需要"。此后，现代企业制度始终作为改革政策表述中的重要概念之一，而构建、规范和推广现代企业制度，也成为我国公司法的重要立法理念和规范准则。

中国特色现代企业制度是现代企业制度在中国实践场域的丰富与升华，是现代企业制度的一般结构要素与体现中国特色本质属性的特殊结构要素的有机统一体。要以法律形式规范及实施中国特色现代企业制度，就必须以法治思维和法治方式提炼与归纳现代企业制度中可以用法律表达的中国特色。彰显中国特色的现代企业制度包含两个层面：一是产权结构层面的以公有制为主体，在法律形式上表现为由国家出资的公司在企业体系中居于重要地位；二是治理结构层面的党在企业中的领导，在法律形式上表现为将企业党建工作嵌入公司治理结构。这两个层面的制度固然是凸显中国特色现代企业制度的内涵要点，但这并非中国特色现代企业制度的全部构成，其法治化过程已展现更为丰富的内容和更为系统的结构。

作为一个涵盖企业建构理念、组织内外结构、行为规范体系及其运行机制的经济社会组织系统，现代企业制度在法治范畴中的中国特色主要体现在四个层面。一是演进机制，即现代企业制度在中国法治体系中的规范体现与经济体制改革实践之间存在着密切的关联效应与互动机制；二是产权结构，即在以公有制为主体、多种所有制经济共同发展的基本经济制度环境中，现代企业制度的产权要素在中国的法律中形成特殊的股权结构形式、作用机制和规范要点；三是治理结构，即因中国特有的政治制度、经济体制、文化特质及市场经验，而使现代企业制度反映在法律上的公司治理结构在中国实践场域发生形变与再塑；四是功能类型，即中国经济体制中的现代企业功能不单以营利为先，还在承担社会责任方面具有更为明显的体制特色和制度保障。

三、新公司法关于现代企业制度修订的背景

中国特色现代企业制度作为一个政策概念，其学术转化效应及制度实现效果尚未达到"现代企业制度"概念所呈现的水平。这是因为，中国特色现代企业制度作为一个标志性概念，其理论创新和实践应用的跨度肯定大于含有更多一般性内涵的

"现代企业制度";中国特色现代企业制度作为一个实践性概念,其从政策理念到实践经验、从政治引领到法律表述,都需要转换形式、丰富内容。

2023年12月29日公布的新公司法在第一条中增加了"完善中国特色现代企业制度"的宗旨内容,为我们进一步探讨如何运用法治思维和法治方式,完善中国特色现代企业制度提供了机会。

四、新公司法中关于现代企业制度的内容

在2023年出台的新公司法中,有多处充分体现或反映了中国特色现代企业制度,企业既要从经济体制改革以来的现代企业建设实践中提取制度要素,将其按照权利义务、关系结构建构成法律规范,并赋予法律效力,以使其稳定有效地转化为企业运行的法律秩序;也要根据法律的建构原理、立法技术与适用规则来设计相应的法律规范,做到对法律规范适用情形的立法假定符合经济社会运行实际,力求法律概念的界定准确、周延,规范内容合理、可行,避免在实际应用中引发歧义、混淆或不易实施等情形。

例如,对于公司制企业中的党建工作,公司应当根据自身所属类型而分别采取优化的针对性法律规范建构方案。"党组织对国企治理的参与,首先需要由公司章程界定其参与的范围和程度",因此,根据公司章程制定或修改的议决程序不可避免。

对于国有独资公司，新公司法第一百七十一条规定，"国有独资公司章程由履行出资人职责的机构制定。"公司的党组织地位和党建工作及其与公司其他组织机构的关系，直接写入公司章程即可发生法律效力。国有资本控股公司的公司章程，须经股东会决议通过方能发生效力。公司法（2018 年修订）规定，"控股股东，是指其出资额占有限责任公司资本总额百分之五十以上或者其持有的股份占股份有限公司股本总额百分之五十以上的股东；出资额或者持有股份的比例虽然不足百分之五十，但依其出资额或者持有的股份所享有的表决权已足以对股东会、股东大会的决议产生重大影响的股东"；而修改公司章程，"在有限责任公司，须经代表三分之二以上表决权的股东通过；在股份有限公司，须经出席会议的股东所持表决权的三分之二以上通过"。对于以上事项，新公司法均维持了原有规定。因此，对于国有资本控股公司章程中党建条款的性质、议决程序及其效力部分，公司要在遵守党章和其他党内法规的基础上，作出公司法范围内切实可行的系统化的规范设定，以免在按照既有的公司章程制定或修改程序规范进行操作时，产生议决结果不符合预期的被动情形。

在公司立法中，应处理好中国特色与一般规则之间的关系，这并不只应体现在国家出资公司和企业党建工作的相关立法方面，整个公司立法所涉领域，均存在如何处理中国特色与一般规则之间关系的问题。公司法自 1993 年制定之日起，就根据当时的中国国情进行了在地性创制，建构了许多中国独有的公司法律规范。这些体现了当时中国经济社会发展阶段性状况的公司制度虽然有独特性，但尚不足以构成能以"中国特色现代企业制度"概括的公司法体系。总体来看，2023 年修订的新公司法在满足经济社会发展现阶段的制度需求方面，作出了兼顾现实与理想的制度安排。在公司类型的法律界定上，基本上仍以有限责任公司与股份有限公司作为基本划分，以及在此基础上对国家出资公司作出特别规定。

再如，鼓励投资与企业维持是相辅相成的两个公司立法原则，但是在经济社会发展的不同阶段，体制引导力及立法倾向性有所不同。公司法（2018 年修订）更侧重鼓励投资，如实行注册资本认缴制，虽然立法初衷是适应市场经济的快速发展，但亦有观点认为其有失制度平衡。新公司法在实现鼓励投资与企业维持方面着墨颇多，力求实现二者的制度平衡。在鼓励投资方面，对于公司是否可以作为对所投资企业的债务承担连带责任的出资人，立法政策由"原则禁止、例外允许"转变为"原则允许、例外禁止"；扩大了可用于出资的非货币财产范围，股权、债权亦可用于出资，允许公司根据章程的规定择一采用面额股或者无面额股，发行与普通股权利不同的类别股。在企业维持方面，规定了出资催缴制度、认缴出资加速到期制度、股东失权制度、股权受让人出资责任制度等，并将资本充实责任的主体扩及董事、监事和高级管理人员，还规定了违法分配的退还制度以及相关的赔偿责任制度等。

公司法对于中国特色现代企业制度的体现与反映，既有内容上的凸显也有形式上的凸显。其形式上最为凸显之处，就是在公司法体系中以何种结构安置国家出资公司的法律规范。新公司法沿用公司法（2018 年修订）的体系结构设置，将"国有独资公司"一节拓展为"国家出资公司"一章，以适应国企改革不断深化的制度需要。但是，另一种方案设计始终存在，就是将国有公司制度从公司法中分离出来，自成单一法律并作为公司法的特别法。

五、司法案例

【案例1-1】

中国银行某市分行与某卷烟厂、某化学有限公司借款担保合同纠纷上诉案二审民事判决书【最高人民法院（2001）民二终字第24号】

1994年9月20日，某化工厂向中国银行某市分行提出贷款申请。申请贷款表上载明申请贷款期限为5年，金额为300万元人民币。担保栏内有某卷烟厂签字"同意担保"及其加盖的公章。1995年1月28日，某卷烟厂签订不可撤销担保书一份，同意无条件地为借款人向某市分行提供持续的不可撤销担保，担保金额为300万元人民币，担保人保证借款人按借款合同规定偿还一切本金、利息费用及其他应付款项，并对借款人同某市分行签订的借款合同所有余款负连带经济责任。

1995年3月15日，某市分行与某化工厂签订外汇借款合同一份，银行同意发放贷款395万美元，借款期限为36个月。该借款本息由某卷烟厂提供不可撤销担保书进行担保，如某化工厂未能按期偿还本息，由担保单位承担还本付息责任。某化工厂与某市分行的法定代表人均在该合同上签名并加盖了公章，但某卷烟厂未盖公章。随后，某市分行依约向某化工厂发放两笔贷款。

后来，某化工厂进行全厂改制，组建某化学有限公司。1997年1月17日，某化学有限公司向某市分行出具承诺函称，"某化工厂及另一化工厂合并改制为某化学有限公司，在此同时向贵行承诺承担原企业的一切债务等。该债务为，某化学有限公司外汇贷款395万美元，某化工厂人民币贷款300万元，上述贷款均由某化学有限公司承担。"按照上述借款合同及承诺函的内容，某市分行继续向某化学有限公司履行上述借款协议。

上述贷款到期后，由于某化学有限公司未向某市分行归还全部的本金及利息，某市分行向某化学有限公司与某卷烟厂催要未果诉至法院，请求判令某化学有限公司归还外汇贷款本金及利息，某卷烟厂对上述债务承担连带清偿责任，并由某化学有限公司和某卷烟厂共同承担诉讼费用。

本案的争议焦点之一，即一个企业将全部资产投入另一个公司，而该企业自己仍然保留原企业的牌子，并进行了工商部门的年检，此种情况应否认定为"整体改制"或者"全部并入新企业中"？

二审法院认为，某化工厂原有的债权债务一并转移给某化学有限公司，该厂实际上已不复存在，该厂改制的性质应当属于整体改制。当债务人发生企业改制情况，属于债务人组织形式上发生变化，然而发生债务向新主体转移时，保证人是否还应承担保证责任呢？保证人某卷烟厂曾以《中华人民共和国担保法》第二十三条规定，"保证期间，债权人许可债务人转让债务的，应当取得保证人书面同意，保证人对未经其同意转让的债务，不再承担保证责任"上诉抗辩，要求免除其保证责任。但二审合议庭认为，该条要求保证人免责应以债权人"许可债务转让"为条件，而在本案债务人发生企业改制的情况下所发生的债务转移，不以债权人的许可为条件（而且债权人某市分行也已书面同意），不构成债权人"许可债务人转让债务"，所以，保证人某卷烟厂不能免责。最高人民法院从司法政策和现代企业制度建立的角度出发，肯定了保证人在债务人改制中不能免责，有利于保障债权的实现，有利于促进企业改制的完成，具有重大意义。

综上，法院将本案某化工厂的改制认定为整体改制。从民法中债的理论上讲，这种债权债务的概括转移属于主体的法定变更，即债的法定转移。既然是法定变更，那么某化工厂与某化学有限公司之间就应当是主体承继关系，在涉及债务转移问题时，当事方当然无须征得债权人某市分行的同意，亦不存在需要保证人某卷烟厂同意或者再次作出新承诺的问题。而且，考虑本案债务人某化工厂改制为某化学有限公司，除某化工厂外，其他几家股东是以有效资产或资金投入的，并不附带债务，从财产角度看，实际上属于增资，某化学有限公司的偿债能力相比某化工厂，非但没有降低，反而增强了，这对保证人并无损害。因此，法院认为原法人某化工厂的债权债务应由变更后的法人某化学有限公司承担，本案原主债务从属的担保债务也不能被消灭。

【案例1-2】

宋某某诉某市某餐饮有限公司股东资格确认纠纷案【（2014）陕民二申字第00215号】

某餐饮有限责任公司（以下简称某餐饮公司）成立于1990年4月5日。2004年5月，某餐饮公司由国有企业改制为有限责任公司，宋某某系某餐饮公司员工，其出资2万元成为某餐饮公司的自然人股东。某餐饮公司章程第三章"注册资本和股份"第十四条规定，"公司股权不向公司以外的任何团体和个人出售、转让。公司改制一年后，经董事会批准可在公司内部赠予、转让和继承股权。持股人死亡或退休经董事会批准后方可继承、转让或由企业收购，持股人若辞职、调离或被辞退、解除劳动合同的，人走股留，所持股份由企业收购……"第十三章"股东认为需要规定的其他事项"第六十六条规定"本章程由全体股东共同认可，自公司设立之日起生效。"该公司章程经某餐饮公司全体股东签名通过。2006年6月3日，宋某某向公司提出解除劳动合同，并申请退还其所持有的公司的2万元股份。2006年8月28日，经某餐饮公司法定代表人赵某某同意，宋某某领到退股款2万元整。2007年1月8日，某餐饮公司召开2006年度股东大会，大会应到股东107人，实到股东104人，代表股权占公司股份总数的93%，会议审议通过了宋某某、王某某、杭某某三位股东退股的申请并决议，"其股金暂由公司收购保管，不得参与红利分配"。后宋某某以公司的回购行为违反法律规定，未履行法定程序且公司法规定股东不得抽逃出资等为由，请求依法确认其具有某餐饮公司的股东资格。

法院生效裁判认为，本案的焦点问题如下。一、某餐饮公司的公司章程中关于"人走股留"的规定，是否违反了公司法[①]的禁止性规定，该章程是否有效；二、某餐饮公司回购宋某某股权是否违反公司法的相关规定，构成抽逃出资。

针对第一个焦点问题，首先，某餐饮公司章程第十四条规定，"公司股权不向公司以外的任何团体和个人出售、转让。公司改制一年后，经董事会批准后可在公司内部赠予、转让和继承。持股人死亡或退休经董事会批准后方可继承、转让或由企业收购，持股人若辞职、调离或被辞退、解除劳动合同的，人走股留，所持股份由企业收购。"依照公司法第二十五条第二款，"股东应当在公司章程上签名、盖章"的规定[②]，有限公司章程系公司设立时全体股东一致同意并对公司及全体股东产生约束力的规范性文件，宋某某在公司章程上签名的行为，应视为其对前述规定的认可和同意，该章程对某餐饮公司及宋某某均产生约束力。其次，基于有限责任公司封闭性和人合性的特点，由公司章程对公司股东转让股权作出某些限制性规定，系公司自治的体现。在本案中，某餐饮公司在进行企业改制时，宋某某之所以成为公司的股东，其原因在于宋某某与公司具有劳动合同关系，如果宋某某与公司没有建立劳动关系，则没有成为公司股东的可能性。同理，某餐饮公司章程将是否与公司具有劳动合同关系作为确定股东身份的依据，继而作出"人走股留"的规定，符合有限责任公司封闭性和人合性的特点，亦

---

① 本案例中表述的公司法均指代 2013 年修订的《中华人民共和国公司法》。

② 已修订为新公司法第四十六条第二款，"股东应当在公司章程上签名或者盖章。"

是公司自治原则的体现，不违反公司法的禁止性规定。最后，某餐饮公司章程第十四条关于股权转让的规定，属于对股东转让股权的限制性规定而非禁止性规定，宋某某依法转让股权的权利没有被公司章程所禁止，故公司章程不存在侵害宋某某股权转让权利的情形。综上，本案一、二审法院均认定某餐饮公司章程不违反公司法的禁止性规定，应为有效的结论正确，宋某某的这一再审申请理由不能成立。

针对第二个焦点问题，公司法（2013 年修订）第七十四条①规定，异议股东回购请求权具有法定的行使条件，即只有在"公司连续五年不向股东分配利润，而公司该五年连续盈利，并且符合本法规定的分配利润条件的；公司合并、分立、转让主要财产的；公司章程规定的营业期限届满或者章程规定的其他解散事由出现，股东会会议通过决议修改章程使公司存续的"三种情形下，异议股东有权要求公司回购其股权，对应的是公司是否应当履行回购异议股东股权的法定义务。而本案属于某餐饮公司是否有权基于公司章程的约定及与宋某某的合意而回

---

① 已修订为新公司法第八十九条，有下列情形之一的，对股东会该项决议投反对票的股东可以请求公司按照合理的价格收购其股权：

（一）公司连续五年不向股东分配利润，而公司该五年连续盈利，并且符合本法规定的分配利润条件；

（二）公司合并、分立、转让主要财产；

（三）公司章程规定的营业期限届满或者章程规定的其他解散事由出现，股东会通过决议修改章程使公司存续。

自股东会决议作出之日起六十日内，股东与公司不能达成股权收购协议的，股东可以自股东会决议作出之日起九十日内向人民法院提起诉讼。

公司的控股股东滥用股东权利，严重损害公司或者其他股东利益的，其他股东有权请求公司按照合理的价格收购其股权。

公司因本条第一款、第三款规定的情形收购的本公司股权，应当在六个月内依法转让或者注销。

购宋某某股权，对应的是某餐饮公司是否具有回购宋某某股权的权利，二者性质不同，公司法（2013 年修订）第七十四条不适用于本案。在本案中，宋某某于 2006 年 6 月 3 日向某餐饮公司提出解除劳动合同申请，并于同日手书《退股申请》，提出"本人要求全额退股，年终盈利与亏损与我无关"，该《退股申请》应视为其真实意思表示。某餐饮公司于 2006 年 8 月 28 日退还其全额股金 2 万元，并于 2007 年 1 月 8 日召开股东大会审议通过了宋某某等三位股东的退股申请，某餐饮公司基于宋某某的退股申请，依照公司章程的规定回购宋某某的股权，程序并无不当。另外，公司法所规定的抽逃出资专指公司股东抽逃其对于公司出资的行为，公司不能构成抽逃出资的主体，宋某某的再审申请不能成立。综上，裁定驳回再审申请人宋某某的再审申请。

综上，笔者认为，国有企业改制为有限责任公司，其初始章程对股权转让进行限制，明确约定公司回购条款，只要不违反公司法等法律强制性规定，可认定为有效。有限责任公司按照初始章程约定，支付合理对价回购股东股权，且通过转让给其他股东等方式进行合理处置的，人民法院应予支持。

六、结论与展望

中国特色现代企业制度是经济体制改革特别是企业制度改革实践不断深化的产物，是现代企业制度在中国实践中得到前所未有升华的产物。我国公司法应当充分反映中国特色现代企业制度的法律化成果，才能适应完善中国特色现代企业制度的法治需要，才能以其创新性和先进性立于世界公司法之林。

我国公司法的创制及发展与社会主义市场经济体制的确立与发展紧密相连，与市场经济体制及其选择的现代企业制度之间存在内在统一性和发展联动性，公司法与"体制—市场—企业"这一经济社会运动之间的互动关系，是当代中国改革与法治建设互动进程的具体表现。我国公司立法不仅要通过立法政策并利用立法技术提升公司法的应用性和有效性，更要把握公司法演进与经济体制改革深化之间的互动规律，以提升公司法的现实性与引领性。

中国特色现代企业制度在经济社会层面是一个系统化建构，在制度形成演进层面是一个体系化建构。在以公有制为主体、多种所有制经济共同发展的基本经济制度环境中，现代企业制度的产权结构要素在公司法上形成特殊的股权结构形式、作用机制和规范要点，要通过公司法的制定与实施，实现产权结构上的以公有制为主体与资本股权平等的法律协调。因中国社会时空压缩特性而形成的农业社会、工业社会和信息社会的相叠性，对于公司治理结构的法律设计应当既有现实性又有引导性，应允许现实中的公司在公司法基本制度设计的基础上，通过自治机制选择合适的治理结构。确立企业党建在公司治理结构中的法定地位并充分发挥其领导作用，这是现代企业制度在当代中国实践中呈现的显著特色。其间反映的政治性与法律性之间的有机结合，需要公司法以明确的法律关系表达出来。

我国公司法应将公司的营利目的与社会利益有机统一起来，并在企业功能类型上作不同侧重的制度安排，以在公司法的范畴内充分彰显中国特色现代企业制度。

第二章

首次明确规定及保护公司"名称权"在内的各项权利

一、公司名称权概述

（一）公司名称和公司名称权的含义

首先，公司名称，亦即公司的称谓，是指公司在社会经济活动中用以确定和代表自身，并区别于其他法律主体的文字符号和标记。具备合法有效的名称是公司得以成为法人、行使权利和履行义务的前提条件之一。也正因有此重大意义，所以，各国公司法都对公司名称作了明确规定，并将其纳入公司章程的绝对必要记载事项[①]。但在公司名称的具体选定与构成方面，各国立法并不相同，有真实主义和自由主义之分。所谓真实主义，是指公司选定的名称必须与经营者的名称或其营业内容相一致，凡不符合的，有关部门均不予承认，且规定公司不得对其转让或继承。采用这种规定的，以法国、瑞士、德国以及拉美诸国公司法为代表。反之，所谓自由主义，则是指当事人可以自由选择公司名称，而不论该名称是否与公司的营业内容相

---

① 范健、蒋大兴：《公司法论》（上卷），南京大学出版社，1997年，第197页。

一致。从我国《企业名称登记管理规定》来看，我国公司名称立法应属真实主义。该规定第六条明确规定，企业名称由行政区划名称、字号、行业或者经营特点、组织形式组成。跨省、自治区、直辖市经营的企业，其名称可以不含行政区划名称；跨行业综合经营的企业，其名称可以不含行业或者经营特点。采用真实主义立法方式的目的在于，能够让公众明确识别交易的具体对象并充分了解公司的信用状况，以维护交易安全。

其次，与公司名称密切相关的概念是公司名称权。目前，关于公司名称权的性质争议颇多，诸如姓名权说、财产权说、工业产权说、身份权说、人格权说、双重性质说等[①]。在众多的争论中，笔者比较倾向于双重性质说，该说法认为公司名称权既是人身权，又是财产权。

最后，公司具有自己的合法有效名称，这是其取得主体资格的必备要件。只有享有名称权，才能使其人格得以充分体现，并有效地区别于其他法律主体。否则，其独立人格就失去了意义，连最基本的权利义务的归属都会发生错乱，所以说公司名称权是一种人身权。另外，公司的经营活动均需要以公司名称进行，且活动相对人也正是以公司名称作为识别对方的标志。再加之，法律规定公司只能拥有一个名称，所以，久而久之，公司名称便代表了公司，透过公司名称可以看到公司形象、信誉和精神，看到公司的产品质量和管理水平。一个知名公司的良好的名称，对公司而言，无疑是一笔巨大的无形财富，它能为公司在激烈的市场竞争中赢得更多的商业机会，并最终为

---

① 杨立新：《人身权论》，中国检察出版社，1996年，第447至448页。

公司带来巨大的商业利润。因此，我们可以认为公司名称权又是一种财产权，至少可以说公司名称中含有财产权的内容。更何况公司名称的选择与确定过程，本身也需要花费一定的人力、物力和时间成本。所以，对公司名称权的侵犯，本质上就是对公司财产的侵犯。

（二）公司名称权的权利内容

尽管对公司名称权性质的争论很多，但关于公司名称权的权利内容看法是趋于一致的。一般认为公司名称权包括取得权、使用权、变更权和转让权等四项权利。

公司名称取得权是指公司依法经登记机关登记后取得的公司名称，公司在规定范围内享有公司名称专用权的权利。结合我国《企业名称登记管理规定》的有关条款，我国对公司取得名称权使用的是强制注册制，登记注册是公司取得名称权的唯一途径。

公司名称使用权是指公司对其名称享有独占使用的权利，其他任何人不得干涉和使用。这项权利包含两层含义：一是公司自身使用公司名称的权利；二是公司有排除他人非法干涉、使用其名称的权利。在我国，公司名称一经依法登记注册，即取得该名称的专用权，受到法律的保护。在同一登记主管机关的辖区内，登记主管机关不得再对与登记在册的同行业公司名称相同或近似的名称进行登记，他人不得再登记同一营业性质的该名称；未经登记且未经权利人的许可，擅自使用已经登记在册的公司名称的，即构成对该公司名称权的侵犯。

公司名称变更权是指公司在使用其名称的过程中可以根据自己的需要依法变更自己已登记使用的名称的权利。我国有关法规虽未直接规定公司拥有名称变更权，但是也间接肯定了该权利。如《中华人民共和国市场主体登记管理条例》（以下简称市场主体登记管理条例）第二十四条规定，"市场主体变更登记事项，应当自作出变更决议、决定或者法定变更事项发生之日起30日内向登记机关申请变更登记。市场主体变更登记事项属于依法须经批准的，申请人应当在批准文件有效期内向登记机关申请变更登记。"公司名称变更，可以是部分变更，也可以是全部变更，不管如何变更，均不得违反相关的法律规定，不得缺少必备内容。公司名称变更必须依法进行变更登记，变更名称的具体程序与设立名称程序相同，都要经过登记与公示等环节。公司名称一经变更登记并公示，原登记的名称即视为被撤销，不得继续使用，其他企业可以就该名称进行重新登记，该公司不得干涉。公司依法变更名称后，应当使用新登记的名称进行经营活动，并对新的公司名称享有专有使用权。名称变更应依主体意志而为，他人不得强制干涉。此外，公司名称作为公司的人格标识，经登记注册后即具有稳定性，公司不得擅自变更。我国《企业名称登记管理规定》第十七条明确规定，"在同一企业登记机关，申请人拟定的企业名称中的字号不得与下列同行业或者不使用行业、经营特点表述的企业名称中的字号相同：（一）已经登记或者在保留期内的企业名称，有投资关系的除外；（二）已经注销或者变更登记未满1年的原企业名称，有投资关系或者受让企业名称的除外；（三）被撤销设立登记或者被撤销变更登记未满1年的原企业名称，有投资关系的除外。"这是在赋予公司名称变更权的同时，对公司名称变更权又作了一定的限制。

公司名称转让权是指公司依法享有将自己的名称转让给他人的权利。各国法律一般都规定了公司有权转让其名称，依据公司是否能够将名称与营业分离转让划分为绝对转让主义和相对转让主义。我国于2020年修订《企业名称登记管理规定》时，删去了2012年修订的第二十三条中的"企业名称可以随企业或者企业的一部分一并转让"事项，可以看出，我国对公司名称是否要随营业一并转让采取了相对自由的态度。

二、公司法修改后的有关条款规定

新公司法中新增了关于公司名称权的有关规定，即第六条第一款和第二款，"公司应当有自己的名称。公司名称应当符合国家有关规定。公司的名称权受法律保护。"

本条款衔接《中华人民共和国民法典》（以下简称民法典）第一百一十条第二款与《企业名称登记管理规定》等相关法律法规的规定，既进一步明确了公司的名称应当符合《企业名称登记管理规定》等相关法律法规的规定，也规定了公司名称要从真实主义原则出发，对公司名称权作出限制；同时也衔接民法典第一百一十条第二款，"法人、非法人组织享有名称权、名誉权和荣誉权"，明确了公司名称受法律保护，为公司正常运作、参与市场竞争、提升名誉和声誉保驾护航。

三、公司名称权的转让和许可

公司名称权的转让，又称名称权让与，是指名称权人将其依法所享有的权利全部转让给受让方，从而使对方取得名称权，而出让方丧失名称权的法律行为。依照我国公司法，公司名称权受所属地域和行业的限制（知名公司名称除外）。因此，公司名称权转让只有在其效力范围内才有意义，亦即公司名称权转让的核心是商号（字号）的转让，而行政区划名称、行业或经营特点、组织形式是不能转让的，必须按照《企业名称登记管理规定》如实登记。

纵观世界各国立法，公司名称权转让有两种规则，其一为合并转让主义，即公司名称必须与公司营业同时转让，或者于营业终了时转让。转让后，出让人不仅失去名称权，而且在一定期限内不得经营相同的业务，参考范例有德国、日本等国的商事立法；其二为单独转让主义，又称自由转让主义，即公司名称转让与其营业无直接关联，可以与营业分离而单独转让，也可与营业的部分或全部结合一起转让。转让后，出让人不再享有名称权，但可继续经营相同的业务。我国当属此种立法。比较两种立法，合并转让主义，固然有利于维护商品交易安全和民事流转秩序，但极为苛刻，且不利于最大效率地发挥社会资源的作用，并从根本上阻碍了公司名称权的转让。所以，在主张以效率优先、兼顾公平的现代经济立法中，此种立法并不是最佳的。自由转让主义，不仅能充分体现公司名称的无形价值，且可以继续利用原有资源，而这点对于经营有方的公司来说尤显重要（现实中转让方一般总是经营管理有方、声誉良好的公司）。况且，我国《企业名称登记管理规定》第十九条规定，"企业名称转让或者授权他人使用的，相关企业应当依法通过国家企业信用信息公示系统向社会公示。"《企业名称登记管理规定实施办法》第二十九条规定，"企业名称可以依法转让。企业名称的转让方与受让方应当签订书面合同，依法向企业登记机关办理企业名称变更登记，并由企业登记机关通过国家企业信用信息公示系统向社会公示企业名称转让信息。"此举旨在克服自由转让的不足之处，增加转让的公信力，保证商业交易安全和维护民事流转秩序。应该说，这种立法是适应我国目前经济和法治发展状况的。

《企业名称登记管理规定》第十九条规定，"企业名称转让或者授权他人使用的，相关企业应当依法通过国家企业信用信息公示系统向社会公示。"《企业名称登记管理规定实施办法》第三十条规定，"企业授权使用企业名称的，不得损害他人合法权益。企业名称的授权方与使用方应当分别将企业名称授权使用信息通过国家企业信用信息公示系统向社会公示。"公司名称权的许可是一个比较复杂的概念，笔者将分以下两种情况叙述。

其一，许可使用，即被许可方可以在自己的产品包装、广告说明中使用许可方的公司名称。但不得将该名称申请注册为自己公司名称，许可方依旧拥有完整的名称权。如某技术转让协议规定：受让方可以在产品包装上注明"本产品生产技术由××公司（转让方）提供"。这就是一种许可使用行为，且这种许可可以是非独占性的。至于下面的这种许可是否可以呢？甲、乙两公司达成一项协议，甲要求乙代为生产一批产品，并在产品包装上全部使用甲的商标、公司名称和公司地址。我们认为，甲、乙的行为将构成对消费者的欺骗，是一种不诚实的违法行为（如果甲公司从事的是挑选、分类工作则另当别论）。在许可使用中，还应解决好许可使用与转让的冲突。例如，甲与乙签订了一份公司名称权许可使用合同，但在合同期限内，甲又将公司名称权转让与了丙，这就产生了许可使用与转让相冲突的问题。此时，乙便不能在产品包装上继续使用该名称，否则，便为虚假表示，乙因此而遭受的全部损失应由甲方负责赔偿。

其二，许可注册。这主要是针对知名公司名称而言。因知名公司名称专用权不受区域和行业的限制，所以其他公司不得以与该知名公司名称中相同或近似的商号（字号）申请注册任何公司名称，除非得到了该知名公司名称所有人的许可。《企业名称登记管理规定》第十五条规定，"有投资关系或者经过授权的企业，其名称中可以含有另一个企业的名称或者其他法人、非法人组织的名称。"显然，此种许可和第一种许可是不同的，在许可登记情况下，被许可方不仅可以使用该商号，而且还可以将其注册为自己的商号并拥有所有权。因此，那些认为公司名称权许可仅是一种使用权转让的看法是偏颇的。

四、公司名称权行使中的限制

《企业名称登记管理规定实施办法》由国家市场监督管理总局令第82号公布，为进一步优化营商环境，维护市场秩序，规定了公司名称管理的各项细则，并对该权利的行使设定限制，以防止管理混乱和争议频发。

（一）企业名称申报与登记应当遵循的基本原则

《企业名称登记管理规定实施办法》第三条规定，"企业名称登记管理应当遵循依法合规、规范统一、公开透明、便捷高效的原则。企业名称的申报和使用应当坚持诚实信用，尊重在先合法权利，避免混淆。"

（二）关于企业名称构成的基本规范

《企业名称登记管理规定实施办法》第七条和第八条规定，"企业名称应当使用规范汉字。企业名称一般应当由行政区划名称、字号、行业或者经营特点、组织形式组成，并依次排列。法律、行政法规和本办法另有规定的除外。"

（三）关于企业名称中的字号拟定的基本规则

《企业名称登记管理规定实施办法》第十条规定，"企业名称中的字号应当具有显著性，由两个以上汉字组成，可以是字、词或者其组合。

"县级以上地方行政区划名称、行业或者经营特点用语等具有其他含义，且社会公众可以明确识别，不会认为与地名、行业或者经营特点有特定联系的，可以作为字号或者字号的组成部分。

"自然人投资人的姓名可以作为字号。"

（四）关于企业名称中的行业或者经营特点用语的拟定规则

《企业名称登记管理规定实施办法》第十一条规定，"企业名称中的行业或者经营特点用语应当根据企业的主营业务和国民经济行业分类标准确定。国民经济行业分类标准中没有规定的，可以参照行业习惯或者专业文献等表述。

"企业为表明主营业务的具体特性，将县级以上地方行政区划名称作为企业名称中的行业或者经营特点的组成部分的，应当参照行业习惯或者有专业文献依据。"

（五）关于企业名称中组织结构和责任形式的规范

《企业名称登记管理规定实施办法》第十二条规定，"企业应当依法在名称中标明与组织结构或者责任形式一致的组织形式用语，不得使用可能使公众误以为是其他组织形式的字样。（一）公司应当在名称中标明'有限责任公司'、'有限公司'或者'股份有限公司'、'股份公司'字样；（二）合伙企业应当在名称中标明'（普通合伙）'、'（特殊普通合伙）'、'（有限合伙）'字样；（三）个人独资企业应当在名称中标明'（个人独资）'字样。"

（六）关于企业名称确定的禁止性规范

《企业名称登记管理规定实施办法》第十六条规定，"企业名称应当符合《企业名称登记管理规定》第十一条①规定，不得存在下列情形：（一）使用与国家重大战略政策相关的文字，使公众误认为与国家出资、政府信用等有关联关系；（二）使用'国家级'、'最高级'、'最佳'等带有误导性的文字；（三）使用与同行业在先有一定影响的他人名称（包括简称、字号等）相同或者近似的文字；（四）使用明示或者暗示为非营利性组织的文字；（五）法律、行政法规和本办法禁止的其他情形。"

（七）企业名称不合规范的法律后果

《企业名称登记管理规定实施办法》第三十二条规定，"企业应当自收到企业登记机关的纠正决定之日起 30 日内办理企业名称变更登记。企业名称变更前，由企业登记机关在国家企业信用信息公示系统和电子营业执照中以统一社会信用代码代替其企业名称。

---

① 《企业名称登记管理规定》第十一条，企业名称不得有下列情形：
（一）损害国家尊严或者利益；
（二）损害社会公共利益或者妨碍社会公共秩序；
（三）使用或者变相使用政党、党政军机关、群团组织名称及其简称、特定称谓和部队番号；
（四）使用外国国家（地区）、国际组织名称及其通用简称、特定称谓；
（五）含有淫秽、色情、赌博、迷信、恐怖、暴力的内容；
（六）含有民族、种族、宗教、性别歧视的内容；
（七）违背公序良俗或者可能有其他不良影响；
（八）可能使公众受骗或者产生误解；
（九）法律、行政法规以及国家规定禁止的其他情形。

"企业逾期未办理变更登记的，企业登记机关将其列入经营异常名录；完成变更登记后，企业可以依法向企业登记机关申请将其移出经营异常名录。"

《企业名称登记管理规定》第二十一条规定，"企业认为其他企业名称侵犯本企业名称合法权益的，可以向人民法院起诉或者请求为涉嫌侵权企业办理登记的企业登记机关处理。

"企业登记机关受理申请后，可以进行调解；调解不成的，企业登记机关应当自受理之日起 3 个月内作出行政裁决。"

五、司法案例

【案例 2-1】

中国某汽车集团有限公司、中国某汽车集团黑龙江某专用汽车有限公司名称权纠纷案【（2023）鲁 0191 民初 714 号】

2004 年 5 月 18 日，重汽公司（甲方）与黑龙江某交通工业有限公司（乙方）签订《合资合作企业合同》约定，双方同意共同出资设立合营公司。合同第二条约定，合营公司的名称暂定为：中国某汽车集团黑龙江某专用汽车有限公司或某集团黑龙江某专用汽车有限公司。规定《技术使用和生产合同》有效期为十年，合营公司对"中国某汽车集团"字样的使用权合同的有效期为三年，期满可以续签。《中国某汽车集团章程》第二十一条第二款约定，各成员企业的集团名称冠名使用权合同、中国某汽车集团特许标志使用合同每三年签订一次，合同到期视该企业遵守集团章程的情况和经营情况决定是否续签合同，根据协议，成员单位在退出集团后，不得继续在企业名称前冠"中国某汽车集团"字样。

2006 年 10 月 25 日，黑龙江某交通工业有限公司被吊销。

2009 年 9 月 1 日，中国某汽车集团理事会作出《关于对中国某汽车集团黑龙江某专用汽车有限公司处理的决定》，内容载明：为保障中国某汽车集团的良性发展，规范集团成员企业的集团冠名管理，因中国某汽车集团黑龙江某专用汽车有限公司未遵守《中国某汽车集团章程》规定，其不再具备集团成员资格。自 2009 年 9 月 1 日起，理事会将取消中国某汽车集团黑龙江某专用汽车有限公司的冠名权。

中国某汽车集团有限公司向法院诉称，黑龙江某专用汽车公司长期不支付任何费用，也未规范延续流程，早已不是中国某汽车集团的成员，但其仍长期以中国某汽车集团名义在网络散布信息，其不当行为严重影响了某汽车集团的市场美誉度。故请求法院判令黑龙江某专用汽车公司立即停止以"中国某汽车集团"或"某汽集团"名义进行任何网络及其他宣传推广，取消黑龙江某专用汽车公司的冠名权。

一审法院认为，黑龙江某专用汽车公司不具有某汽集团成员的事实基础。根据以上协议及章程，黑龙江某专用汽车公司不得在企业名称前冠"中国某汽车集团"字样。同时，黑龙江某专用汽车公司若继续使用"中国某汽车集团"或"某汽集团"字样，会对集团的声誉造成一定影响，故法院判决被告中国某汽车集团黑龙江某专用汽车有限公司应立即停止使用相关字样进行宣传推广；被告于本判决生效之日起三十日内到相关市场监督管理部门办理变更企业名称的相关手续，于企业名称中停止使用"中国某汽车集团""某汽集团"等指代原告中国某汽车集团有限公司简称的字眼，名称变更前，由原企业登记机关以统一社会信用代码代替其名称。

【案例 2-2】

山东某酒业集团有限公司与山东某酒业公司商标侵权及不正当竞争纠纷案

【基本案情】山东某酒业集团有限公司是从事白酒生产经营半个多世纪的地方知名企业，改制前的名称为"山东某酒厂"，后山东某酒厂改制为山东某酒业集团有限公司，为承继某酒文化，其先后注册了"某酒""老某酒"等商标。山东某酒业集团有限公司认为，山东某酒业公司住所地与原告住所地相距不足两千米，其在企业名称中故意使用"老某酒"字样，使广大消费者难以分清真正生产者，构成不正当竞争，遂诉请判令山东某酒业公司限期变更企业名称，变更后的企业名称不得使用"老某酒"字样。

山东省某市中级人民法院经审理认为，山东某酒业公司于 2021 年 1 月成立，同为酒类经营的市场主体，其在对"某酒""老某酒"商标有所了解的情况下，仍没有对作为同行业、同地区竞争者的原告所使用的注册商标加以避让，并在其企业名称中使用"老某酒"字样，明显具有利用上述商标声誉开展经营活动的主观意图，客观上容易导致误认，其行为构成不正当竞争，遂判决山东某酒业公司立即停止不正当竞争行为，变更企业名称。

【案例 2-3】

天津某青年旅行社诉天津某国际旅行社擅自使用他人企业名称纠纷案

【基本案情】原告天津某青年旅行社（以下简称天津某旅）诉称：被告天津某国际旅行社有限公司在其版权所有的网站页面、网站源代码以及搜索引擎中，非法使用原告企业名称全称及简称"天津某旅"，违反了《中华人民共和国反不正当竞争法》（以下简称反不正当竞争法）的规定，请求判令被告立即停止不正当竞争行为、公开赔礼道歉、赔偿经济损失 10 万元，并承担诉讼费用。

被告天津某国际旅行社有限公司（以下简称天津国某）辩称："天津某旅"没有登记注册，并不由原告享有，原告主张的损失没有事实和法律依据，请求驳回原告诉讼请求。

法院经审理查明，天津某青年旅行社于 1986 年 11 月 1 日成立，是从事国内及出入境旅游业务的国有企业，直属于共青团天津市委员会。共青团天津市委员会出具证明称，"天津某旅"是天津某青年旅行社的企业简称。2007 年，《今晚报》等媒体在报道天津某青年旅行社承办的活动中已开始以"天津某旅"简称指代天津某青年旅行社。天津某旅在报价单、旅游合同、与同行业经营者合作文件、发票等资料以及经营场所的各门店招牌等日常经营活动中，使用"天津某旅"作为企业的简称。天津某国际旅行社有限公司于 2010 年 7 月 6 日成立，是从事国内旅游及入境旅游接待等业务的有限责任公司。

2010 年底，天津某旅通过搜索引擎分别搜索"天津某青年旅行社"或"天津某旅"，点击了搜索结果的第一名并标注赞助商链接的位置，点击后进入发现，该网页是标称天津某国际旅行社某出游网的网站，网页顶端出现"天津某国际旅行社——青年旅行社青旅／天津某旅"等字样，网页内容为某业务信息及报价，标称网站版权所有：某出游网——天津国某，并标明了天津国某的联系电话和经营地址。同时，天津某旅通过百度搜索引擎搜索"天津某旅"，在搜索结果的第一名并标注推广链接的位置，显示的是"欢迎光临天津某旅重合同守信誉单位，汇集国内出境经典旅游线路，100% 出团，天津某旅"，点击链接后进入网页，发现仍然是上述标称天津国某某出游网的网站。

【裁判结果】天津市某中级人民法院于 2011 年 10 月 24 日作出民事判决：一、被告天津某国际旅行社有限公司立即停止侵害行为；二、被告于本判决生效之日起三十日内，在其公司网站上发布致歉声明持续十五天；三、被告赔偿原告天津某青年旅行社经济损失 30 000 元；四、驳回原告其他诉讼请求。宣判后，被告提出上诉。

天津市高级人民法院于 2012 年 3 月 20 日作出民事判决：一、维持天津市某中级人民法院上述民事判决的第二、三、四项；二、变更判决第一项"被告天津某国际旅行社有限公司立即停止侵害行为"，改为"被告天津某国际旅行社有限公司立即停止使用'天津某青年旅行社''天津某旅'字样，不得将其作为天津某国际旅行社有限公司网站的搜索链接关键词"；三、驳回被告其他上诉请求。

　　法院生效裁判认为，对于企业长期、广泛对外使用具有一定市场知名度、为相关公众所知悉、已实际具有商号作用的企业名称简称，也应当视为企业名称且予以保护。"天津某青年旅行社"是原告自 1986 年成立以来一直使用的企业名称，原告享有企业名称专用权。"天津某旅"作为其企业名称简称，于 2007 年就已被其在经营活动中广泛使用，相关宣传报道和客户也以"天津某旅"指代天津某青年旅行社。经过多年在经营活动中使用和宣传，其已享有一定市场知名度，为相关公众所知悉，且已与天津某青年旅行社之间建立起稳定的关联关系，具有可以识别经营主体的商业标识意义。所以，可以将"天津某旅"视为企业名称，与"天津某青年旅行社"共同享受保护。

　　反不正当竞争法第六条规定，"经营者不得实施下列混淆行为，引人误认为是他人商品或者与他人存在特定联系：（一）擅自使用与他人有一定影响的商品名称、包装、装潢等相同或者近似的标识；（二）擅自使用他人有一定影响的企业名称（包括简称、字号等）、社会组织名称（包括简称等）、姓名（包括笔名、艺名、译名等）；（三）擅自使用他人有一定影响的域名主体部分、网站名称、网页等；（四）其他足以引人误认为是他人商品或者与他人存在特定联系的混淆行为。"因此，经营者擅自将他人的企业名称或简称作为互联网竞价排名关键词，使公众产生混淆误认，利用他人的知名度和商誉，达到宣传推广自己的目的，属于不正当竞争行为，应当予以禁止。天津国某作为从事旅游服务的经营者，未经天津某旅许可，通过在相关搜索引擎中设置与天津某旅企业名称有关的关键词并在网站源代码中使用等手段，使相关公众在搜索"天津某青年旅行社"和

"天津某旅"关键词时，直接显示天津国某的网站链接，从而进入天津国某的网站联系旅游业务，达到利用网络用户的初始混淆来争夺潜在客户的效果，主观上具有使相关公众在网络搜索、查询中产生误认的故意，客观上擅自使用"天津某青年旅行社"及"天津某旅"字样，利用了天津某旅的企业信誉，损害了天津某旅的合法权益，其行为属于不正当竞争行为，依法应予制止。天津国某作为与天津某旅同业的竞争者，在明知天津某旅企业名称及简称享有较高知名度的情况下，仍擅自使用，有借他人之名为自己谋取不当利益的意图，主观恶意明显。因此，天津国某应当承担停止侵害、消除影响、赔偿损失的法律责任。至于天津国某网站网页顶端显示的"青年旅行社青旅"字样，并非原告企业名称的保护范围，不构成对原告的不正当竞争行为。

【实务建议】一个品牌从创立到打响知名度，需要投入大量的成本，是企业重要的无形资产。很多老字号企业历史悠久，产品质量过硬，品牌价值突出，拥有广泛的客户基础。因此，有些商家故意使用与老字号相似的招牌或标志，通过"傍名牌"来沾名气，从而扩大市场，迅速获利。这种投机取巧的行为看似万无一失，省去了品牌塑造的成本，带来短期的收益，实际已构成不正当竞争，侵害了权利人的合法权益，对正常的市场秩序造成了严重破坏，其必将受到法律制裁。

第三章

法定代表人不再是天然第一责任人

一、概述

新公司法对法定代表人的部分条款作出了调整，恢复了法定代表人"代表人"的法律地位，扩充了选任范围，增加了法定代表人身份的涤除制度。同时，新公司法完善了公司法定代表人制度，第一次从组织法的角度，以法定代表人在公司治理结构中的地位为视角，较为系统地阐述了公司法定代表人制度的对内和对外效果。

本章聚焦公司法中的法定代表人制度，梳理分析新公司法下法定代表人制度的变化，并结合我们过往的法律服务经验，为公司提供切实可行的法律建议。

二、新公司法的修改内容

法定代表人拥有对于公司的代表权限，该代表权限是基于其法定职位而产生的、当然的、概括性的、原则上不受限制的对外代表法人的权力。基于该底层概念，本次新公司法对于法定代表人制度的修订，完成了对法定代表人制度的重构，修订内容涉及法定代表人的选任、辞任、补任、法律地位与责任、变更等多个方面。

（一）扩大法定代表人的任职人员范围，给予公司更多自主选择权

新公司法第十条规定，"公司的法定代表人按照公司章程的规定，由代表公司执行公司事务的董事或者经理担任。

"担任法定代表人的董事或者经理辞任的，视为同时辞去法定代表人。

"法定代表人辞任的，公司应当在法定代表人辞任之日起三十日内确定新的法定代表人。"

新公司法第十一条规定，"法定代表人以公司名义从事的民事活动，其法律后果由公司承受。

"公司章程或者股东会对法定代表人职权的限制，不得对抗善意相对人。

"法定代表人因执行职务造成他人损害的，由公司承担民事责任。公司承担民事责任后，依照法律或者公司章程的规定，可以向有过错的法定代表人追偿。"

该条款在公司法（2018年修订）关于法定代表人选任范围的基础上扩大了法定代表人的任职人选范围，即在公司法（2018年修订）第十三条，法定代表人的任职人选为"董事长、执行董事或者经理"的范围基础上，将法定代表人的任职人选

范围扩充至所有"代表公司执行公司事务的董事或者经理",使得公司能够结合实际经营管理情况来选择合适的董事担任法定代表人,人员选择更具灵活性。

同时,明确法定代表人行为产生的法律后果,建立过错法定代表人追责机制。法定代表人因执行职务造成他人损害的,由公司承担民事责任。公司承担民事责任后,依照法律或者公司章程的规定,可以向有过错的法定代表人追偿。

该条款明确了法定代表人作为公司法定的"代表人",其对外以公司名义开展活动所产生的法律后果由公司承担这一底层规则,具体包含两层含义:其一,重申了法定代表人的权限,即法定代表人有权以公司的名义从事民事活动;其二,明确了法定代表人以公司名义开展活动的法律后果承担主体。值得注意的是,法定代表人在以公司名义开展活动时,不得恣意行事,而应当遵守法律、公司章程的相关规定,如因法定代表人存在过错而导致公司承担责任的,公司有权向存在过错的法定代表人追责。

此外,该条第二款还明确了善意相对人保护制度,即公司章程、股东会等内部规则、决议可以对法定代表人的职权、职责进行限制,但相关限制不得对抗善意第三人,若第三人基于善意、等价原则与法定代表人开展交易(限于执行公司事务),公司不得基于内部规则或决议拒绝履行,但公司有权在履行后向有过错的法定代表人追偿。

（二）明确法定代表人辞任规则以及允许法定代表人"缺位"的情形

新公司法第三十五条规定，"公司申请变更登记，应当向公司登记机关提交由公司法定代表人签署的变更登记申请书、依法作出的变更决议或者决定等文件。

"公司变更登记事项涉及修改公司章程的，应当提交修改后的公司章程。

"公司变更法定代表人的，变更登记申请书由变更后的法定代表人签署。"

新公司法第十条第二款、第三款为本次新公司法新增内容，规定了法定代表人与董事、经理辞任的联动关系，明确将担任法定代表人的董事或者经理辞职直接视为法定代表人辞任。相关修订契合公司变更登记需求，避免出现未及时办理法定代表人变更导致的若干不良后果，包括：（1）可能导致公司法定代表人并未由执行公司事务的董事或者经理担任，从而违反新公司法第十条第一款之规定；（2）法定代表人实质上从公司离职后，若未及时办理变更，可能导致相关离职法定代表人面临承担额外责任的风险；（3）避免出现法定代表人离职后仍以公司名义开展活动，从而损害公司及善意第三人利益的情形。本次对法定代表人辞任规则的完善，有助于平衡离职法定代表人、公司及善意第三人的权益。

新公司法第十条第三款确立了公司应当在三十天内确定新法定代表人的义务，这可以督促公司依法及时办理法定代表人变更。同时，这也可能导致公司在原法定代表人离职后至确定新法定代表人期间出现法定代表人"缺位"的情形，即公司短期内无法定代表人，此时可能产生相关新问题，须出台相关规则予以明确：（1）若公司持续无法确定新法定代表人，则可能导致公司客观上无法在三十日内完成法定代表人变更，此时该问题如何解决以及如何确定责任尚待明确；（2）按照现行《中华人民共和国民事诉讼法》（以下简称民事诉讼法）第五十一条规定，法定代表人为公司民事诉讼的合法代表人，在公司出现法定代表人"缺位"的情形下，如何确定诉讼代表人一事，目前还无明确规定。

此外，新公司法第三十五条明确了法定代表人变更登记申请书，由变更后的法定代表人签署这一具体操作要求，此举有助于提升办理效率，解决了在原法定代表人不配合情况下公司如何办理变更登记手续问题。但是，若原法定代表人主动辞任并要求公司办理变更手续，但公司因迟迟未确定新法定代表人或新法定代表人不配合办理变更，此时如何解决问题尚需相关规则予以细化、明确。

（三）公司登记事项规则修订，要求公示法定代表人姓名

新公司法第三十二条规定，"公司登记事项包括：（一）名称；（二）住所；（三）注册资本；（四）经营范围；（五）法定代表人的姓名；（六）有限责任公司股东、股份有限公司发起人的姓名或者名称。

"公司登记机关应当将前款规定的公司登记事项通过国家企业信用信息公示系统向社会公示。"

上述条款就法定代表人公示、变更的规则进行了相关修订，明确要求将法定代表人的姓名作为公司登记事项之一，这突出了法定代表人姓名的法律地位，并且新条款要求公司将相关登记事项通过国家企业信用信息系统向社会公示，此举有助于提升公司公信力，增强各方主体对于法定代表人行为的监督力度。

（四）细化禁止担任法定代表人的相关要求，有助于降低代理成本

新公司法第一百七十八条规定，"有下列情形之一的，不得担任公司的董事、监事、高级管理人员：（一）无民事行为能力或者限制民事行为能力；（二）因贪污、贿赂、侵占财产、挪用财产或者破坏社会主义市场经济秩序，被判处刑罚，或者因犯罪被剥夺政治权利，执行期满未逾五年，被宣告缓刑的，自缓刑考验期满之日起未逾二年；（三）担任破产清算的公司、企业的董事或者厂长、经理，对该公司、企业的破产负有个人责任的，自该公司、企业破产清算完结之日起未逾三年；（四）担任因违法被吊销营业执照、责令关闭的公司、企业的法定代表人，并负有个人责任的，自该公司、企业被吊销营业执照、责令关闭之日起未逾三年；（五）个人因所负数额较大债务到期未清偿被人民法院列为失信被执行人。

"违反前款规定选举、委派董事、监事或者聘任高级管理人员的，该选举、委派或者聘任无效。

"董事、监事、高级管理人员在任职期间出现本条第一款所列情形的，公司应当解除其职务。"

　　上述条款新增了几种不得担任公司董事、监事、高级管理人员（以下简称董监高）的情形，因公司法定代表人的适格人员范围为"执行公司事务的董事或者经理"，故该条款实质也明确了不得担任法定代表人的情形，并明确了相应时间计算规则，包括：（1）被宣告缓刑人员自缓刑考验期满之日起未逾两年；（2）因违法被责令关闭的公司、企业的法定代表人，并负有个人责任的，自被责令关闭之日起未逾三年；（3）个人因所负数额较大债务到期未清偿被人民法院列为失信被执行人。新公司法的修订规则在对法定代表人的任职资格方面更为精细化，新增几类不适宜担任法定代表人的情形，有助于公司遴选更为合适的主体，避免因法定代表人个人信用、违法犯罪等情形导致公司承担诚信风险，新规有助于降低成本，优化公司治理结构。

三、新公司法中的法定代表人义务和责任清单表

　　新公司法中的法定代表人义务和责任清单表如表3-1所示。

表3-1　新公司法中的法定代表人义务和责任清单表

序号	责任风险类型	条文规定
1	对因执行职务造成他人损害有过错的，法定代表人对内应承担赔偿责任	・民法典第六十二条 　　法定代表人因执行职务造成他人损害的，由法人承担民事责任 　　法人承担民事责任后，依照法律或者法人章程的规定，可以向有过错的法定代表人追偿 ・新公司法第十一条 　　法定代表人因执行职务造成他人损害的，由公司承担民事责任。公司承担民事责任后，依照法律或者公司章程的规定，可以向有过错的法定代表人追偿

（续表）

序号	责任风险类型	条文规定
2	被执行人为单位的，被采取限制消费措施后，被执行人及其法定代表人、主要负责人、影响债务履行的直接责任人员、实际控制人可能被采取限制消费措施	• 《最高人民法院关于限制被执行人高消费及有关消费的若干规定》第三条 　　被执行人为自然人的，被采取限制消费措施后，不得有以下高消费及非生活和工作必需的消费行为 　　（一）乘坐交通工具时，选择飞机、列车软卧、轮船二等以上舱位 　　（二）在星级以上宾馆、酒店、夜总会、高尔夫球场等场所进行高消费 　　（三）购买不动产或者新建、扩建、高档装修房屋 　　（四）租赁高档写字楼、宾馆、公寓等场所办公 　　（五）购买非经营必需车辆 　　（六）旅游、度假 　　（七）子女就读高收费私立学校 　　（八）支付高额保费购买保险理财产品 　　（九）乘坐 G 字头动车组列车全部座位、其他动车组列车一等以上座位等其他非生活和工作必需的消费行为 　　**被执行人为单位的，被采取限制消费措施后，被执行人及其法定代表人、主要负责人、影响债务履行的直接责任人员、实际控制人不得实施前款规定的行为。因私消费以个人财产实施前款规定行为的，可以向执行法院提出申请。执行法院审查属实的，应予准许**
3	企业成为被执行人后，法定代表人可能被限制出境	• 《最高人民法院关于适用〈中华人民共和国民事诉讼法〉执行程序若干问题的解释》第二十四条第一款 　　被执行人为单位的，可以对其法定代表人、主要负责人或者影响债务履行的直接责任人员限制出境
4	企业成为被执行人后，法定代表人不配合报告财产情况的，可能面临罚款、拘留等处罚甚至刑事责任	• 《最高人民法院关于民事执行中财产调查若干问题的规定》第九条 　　被执行人拒绝报告、虚假报告或者无正当理由逾期报告财产情况的，人民法院可以根据情节轻重对被执行人或者其法定代理人予以罚款、拘留；构成犯罪的，依法追究刑事责任 　　人民法院对有前款规定行为之一的单位，可以对其主要负责人或者直接责任人员予以罚款、拘留；构成犯罪的，依法追究刑事责任

（续表）

序号	责任风险类型	条文规定
5	企业被纳入失信人员名单后，法定代表人的信息会被公开	• 《最高人民法院关于公布失信被执行人名单信息的若干规定》第六条 　记载和公布的失信被执行人名单信息应当包括 　（一）作为被执行人的法人或者其他组织的名称、统一社会信用代码（或组织机构代码）、法定代表人或者负责人姓名 　（二）作为被执行人的自然人的姓名、性别、年龄、身份证号码 　（三）生效法律文书确定的义务和被执行人的履行情况 　（四）被执行人失信行为的具体情形 　（五）执行依据的制作单位和文号、执行案号、立案时间、执行法院 　（六）人民法院认为应当记载和公布的不涉及国家秘密、商业秘密、个人隐私的其他事项
6	不得担任法定代表人情形	• 新公司法第十条第一款 　公司的法定代表人按照公司章程的规定，由代表公司执行公司事务的董事或者经理担任 • 新公司法第一百七十八条 　有下列情形之一的，不得担任公司的董事、监事、高级管理人员 　（一）无民事行为能力或者限制民事行为能力 　（二）因贪污、贿赂、侵占财产、挪用财产或者破坏社会主义市场经济秩序，被判处刑罚，或者因犯罪被剥夺政治权利，执行期满未逾五年，被宣告缓刑的，自缓刑考验期满之日起未逾二年 　（三）担任破产清算的公司、企业的董事或者厂长、经理，对该公司、企业的破产负有个人责任的，自该公司、企业破产清算完结之日起未逾三年 　（四）担任因违法被吊销营业执照、责令关闭的公司、企业的法定代表人，并负有个人责任的，自该公司、企业被吊销营业执照、责令关闭之日起未逾三年 　（五）个人因所负数额较大债务到期未清偿被人民法院列为失信被执行人 　违反前款规定选举、委派董事、监事或者聘任高级管理人员的，该选举、委派或者聘任无效 　董事、监事、高级管理人员在任职期间出现本条第一款所列情形的，公司应当解除其职务

（续表）

序号	责任风险类型	条文规定
6	不得担任法定代表人情形	• 市场主体登记管理条例第十二条 　有下列情形之一的，不得担任公司、非公司企业法人的法定代表人 　（一）无民事行为能力或者限制民事行为能力 　（二）因贪污、贿赂、侵占财产、挪用财产或者破坏社会主义市场经济秩序被判处刑罚，执行期满未逾 5 年，或者因犯罪被剥夺政治权利，执行期满未逾 5 年 　（三）担任破产清算的公司、非公司企业法人的法定代表人、董事或者厂长、经理，对破产负有个人责任的，自破产清算完结之日起未逾 3 年 　（四）担任因违法被吊销营业执照、责令关闭的公司、非公司企业法人的法定代表人，并负有个人责任的，自被吊销营业执照之日起未逾 3 年 　（五）个人所负数额较大的债务到期未清偿 　（六）法律、行政法规规定的其他情形 •《中华人民共和国广告法》第六十九条 　因发布虚假广告，或者有其他本法规定的违法行为，被吊销营业执照的公司、企业的法定代表人，对违法行为负有个人责任的，自该公司、企业被吊销营业执照之日起三年内不得担任公司、企业的董事、监事、高级管理人员
7	破产中对债权人的过错赔偿责任	•《中华人民共和国企业破产法》（以下简称企业破产法） 　第三十一条　人民法院受理破产申请前一年内，涉及债务人财产的下列行为，管理人有权请求人民法院予以撤销：（一）无偿转让财产的；（二）以明显不合理的价格进行交易的；（三）对没有财产担保的债务提供财产担保的；（四）对未到期的债务提前清偿的；（五）放弃债权的 　第三十二条　人民法院受理破产申请前六个月内，债务人有本法第二条第一款规定的情形，仍对个别债权人进行清偿的，管理人有权请求人民法院予以撤销。但是，个别清偿使债务人财产受益的除外 　第三十三条　涉及债务人财产的下列行为无效：（一）为逃避债务而隐匿、转移财产的；（二）虚构债务或者承认不真实的债务的 　第一百二十八条　债务人有本法第三十一条、第三十二条、第三十三条规定的行为，损害债权人利益的，债务人的法定代表人和其他直接责任人员依法承担赔偿责任

四、司法案例

【案例 3-1】

遵义某公司、张某某劳务合同纠纷案【（2023）甘 10 民终 907 号】

遵义某公司于 2014 年 2 月 26 日办理了营业执照，法定代表人为胡某某，公司的业务范围是经营房地产策划、房地产经纪业务等。2015 年 10 月，张某某应聘到遵义某公司，职位为置业顾问，从事房地产销售工作。但是，遵义某公司始终未与张某某签订劳动合同，也未给张某某缴纳社会保险。2020 年 9 月，张某某要求遵义某公司法定代表人胡某某与其签订劳动合同并缴纳社保，无果，张某某于 2020 年 10 月 27 日离职。

张某某向某县劳动人事争议仲裁委员会申请仲裁，请求：一、依法裁决解除双方劳动关系；二、请求遵义某公司支付张某某剩余的工资与所有提成共计 59 272 元；三、请求遵义某公司支付张某某经济补偿 29 920 元。2020 年 12 月 4 日，某县劳动人事争议仲裁委员会作出了裁决：一、张某某与遵义某公司之间的劳动关系于作出裁决之日起解除；二、遵义某公司于本裁决书生效后 15 日内支付张某某工资、提成共计 59 272 元；三、遵义某公司于本裁决书生效后 15 日内支付张某某经济补偿 29 920 元。

遵义某公司于 2020 年 12 月 7 日收到该仲裁裁决后，不服仲裁，便向法院提起诉讼。

一审法院另查明：案涉《某代理销售合同》，系严某（胡某某的岳母）与某县某置业发展有限公司签订，合同落款时间为 2015 年 1 月 14 日。该合同载明：甲方某县某置业发展有限公司将开发修建的某项目委托给乙方严某销售。

本案的争议焦点为：遵义某公司是否应支付张某某工资提成及应支付多少。二审法院认为，遵义某公司法定代表人胡某某应向张某某发放工资。虽然遵义某公司认为，张某某系其公司法定代表人胡某某个人招聘而来，胡某某之举与公司无关，但依据民法典第六十一条，"依照法律或者法人章程的规定，代表法人从事民事活动的负责人，为法人的法定代表人。法定代表人以法人名义从事的民事活动，其法律后果由法人承受"，胡某某招聘张某某从事房地产销售工作及发放工资的行为应视为遵义某公司的行为。虽然后期工资系严某发放，但因严某系胡某某岳母，并不排除有胡某某委托其岳母代为发放工资的可能，故张某某从事的亦是遵义某公司安排的有报酬的劳动。

二审法院确认，依照民事诉讼法第一百七十条第一款第一项之规定，判决驳回上诉，维持原判。一、驳回遵义某公司的诉讼请求。二、遵义某公司应给付张某某工资提成（销售佣金）59 272 元，限公司于本判决生效后一个月内付清。三、遵义某公司给付张某某的经济补偿变更为 22 387.50 元，限于本判决生效后一个月内付清。案件受理费 10 元，已减半收取 5 元，由遵义某公司负担。

【案例 3-2】

韦某某、新疆某房地产开发有限公司等请求变更公司登记纠纷案【（2022）最高法民再94号】

【裁判要旨】法定代表人是对外代表公司意志的机关之一，登记的法定代表人依法具有公示效力，但就公司内部而言，公司和法定代表人之间为委托法律关系，法定代表人行使代表人职权的基础是公司权力机关的授权，公司权力机关终止授权，则法定代表人对外代表公司从事民事活动的职权终止，公司依法应当及时办理工商变更登记。当事人被免职后，其个人不具有办理法定代表人变更登记的主体资格，案涉公司亦不依法向公司注册地工商局提交变更申请以及相关文件，导致当事人在被免职后仍然对外登记公示为公司法定代表人，在公司相关诉讼中被限制高消费等，已经给当事人的生活造成实际影响，侵害了其合法权益。除提起本案诉讼外，当事人已无其他救济途径，故当事人请求某房地产开发有限公司办理工商变更登记，依法有据，法院应予支持。

【案例 3-3】

王某某请求变更公司登记纠纷案【（2020）最高法民再88号】

【裁判要旨】王某某请求变更公司登记的诉讼请求基于其已离职之事实，王某某请求终止与案涉公司之间法定代表人的委任关系并由公司办理法定代表人变更登记，该纠纷属平等主体之间的民事争议。因王某某并非案涉公司股东，其亦无法通过召集股东会等公司自治途径，就法定代表人的变更事项进行协商并作出决议。若人民法院不予受理申请人的起诉，则王某某因此所承受的法律风险将持续存在，而无任何救济途径。故王某某对案涉公司办理法定代表人变更登记的诉讼请求具有诉的利益，该纠纷系平等主体之间的民事争议，属于人民法院受理民事诉讼的范围。该项诉讼请求是否具有事实和法律依据，是否应予支持，应通过实体审理予以判断。

综上，笔者认为，法定代表人变更之诉属于法院的受理范围。在履行公司内部决策程序后，若公司拒不配合办理法定代表人变更登记义务的，法定代表人有权提起诉讼，请求公司履行法定义务。如公司无法通过意思自治就法定代表人的人选作出有效的决议或决定，且除了提起诉讼外已无其他救济途径的，法定代表人也有权径行向法院起诉请求变更法定代表人登记。

民法典第六十一条第二款规定，"法定代表人以法人名义从事的民事活动，其法律后果由法人承受。"举例而言，由法定代表人签署的合同，即使没有公司盖章，仍然对公司产生法律约束力。结合新公司法第十条规定，只有公司的董事、经理才有资格担任法定代表人，故法定代表人往往也掌控着公司的实际经营权。因此，法定代表人是公司控制权争夺战中的"必争之位"。在公司的经营过程中，股东之间、原股东与新投资人之间，往往因为经营理念或股权变更等事由导致法定代表人发生变更。此时，相关主体应未雨绸缪，提前规划变更法定代表人的内部意思表决机制，以防范潜在的诉讼风险。

五、展望

　　新公司法对涉及法定代表人制度的相关条款的修订，实现了法定代表人制度的重构，其针对现行法定代表人制度存在的规则刚性僵化、与内部权力配置存在冲突、权责失衡等问题提出了相应解决方案。新公司法语境下的法定代表人制度在人员选任上更强调执行公司事务，这强化了法定代表人的权责意识、风险意识，促使法定代表人自觉约束自身行为，有助于增强其他市场主体对法定代表人代表行为的信赖，从而有助于增强市场活力，降低代理成本。

　　但我们也看到，新公司法语境下的法定代表人制度仍存在进一步完善的空间，如可以进一步明确法定代表人涤除登记规则。但总体而言，新公司法修订了法定代表人选任、辞任、变更和责任承担等条款，强调法定代表人应实质参与公司管理、执行公司事务，进一步明确了法定代表人的法律责任，体现了权责一致的原则。建议公司在公司章程中设立专章，明确法定代表人选任、辞任、变更方式、履职限制、责任承担等。同时，建议公司董事、经理在不实际参与公司管理、执行公司事务的情况下，不担任公司法定代表人；若担任法定代表人，应依法依章履职，避免个人承担责任。

第四章

法人人格否认制度——限制股东权利滥用，保障债权人合法权益

一、概述

公司法（2005 年修订）引入了公司法人人格否认制度，2013 年，最高人民法院公布了关联公司法人人格否认的第 15 号指导案例，2019 年结合司法实践，《全国法院民商事审判工作会议纪要》对公司法人人格否认的三种典型情形进行了细化规定，推动了公司法人人格否认法律适用和裁判规则的统一。尽管如此，由于实践中股东滥用公司法人独立地位和有限责任的表现形式多样，公司法人人格否认相关规则的适用仍是司法实践中的难点问题。

法人人格否认制度，也被称为"刺破公司面纱"，即在股东滥用公司法人独立地位和股东有限责任，逃避债务，构成公司与股东之间的人格混同情形下，对公司法人人格予以否认，从而追究股东对公司债务的无限连带责任，这完全是为防止股东滥用公司法人人格独立地位、侵害债权人利益而设定的一种救济手段。新公司法因将法人人格否认制度作为本次修订亮点之一而备受关注。

在实践中，同一股东设立若干公司，用一套人马同时设立多块牌子闪转腾挪的现象较为普遍，此时外部债权人通常要求关联公司之间相互承担责任。新公司法在总结过往司法实践经验的基础上，对关联公司法人人格否认制度进行了规范。本章将在梳理法人人格否认制度过往适用实践的基础上，分析新公司法对该制度的具体推进表现及预期影响。

二、法人人格否认制度的具体规定

新公司法第二十三条规定，"公司股东滥用公司法人独立地位和股东有限责任，逃避债务，严重损害公司债权人利益的，应当对公司债务承担连带责任。

"股东利用其控制的两个以上公司实施前款规定行为的，各公司应当对任一公司的债务承担连带责任。

"只有一个股东的公司，股东不能证明公司财产独立于股东自己的财产的，应当对公司债务承担连带责任。"

相比于公司法（2018年修订），新公司法增加了"股东利用其控制的两个以上公司"滥用公司法人的独立地位和股东有限责任的相关规则，确定了横向人格否认制度。在现实生活中，我们经常提到的法人人格否认制度，主要指的是一种纵向否认，也就是说，该制度通过否定股东以出资为限对公司债务承担有限责任的方式，让股东对公司的债务承担连带责任。而新公司法增加的横向否认制度，主要指的是其将不局限于否定公司股东的有限责任，处于同一股东控制下的子公司或者关联公司之间可以相互否认人格，相互承担连带责任。

处于共同控制关系下的关联公司之间更可能存在人格混同的情况，相较于一般企业形态，它们也更容易出现公司实际控制人或公司控股股东滥用自身权利、损害公司债权人利益的情况。因此，为了矫正控制股东与关联公司债权人之间的利益关系，新公司法增加法人人格否认制度中的横向否认，以保护债权人的利益。

三、法人人格否认的构成要件

（一）主体要件

公司法人人格通常基于个案认定，不应撇开具体的案件和主体而对公司法人人格予以抽象性的否定，因此其适用的对象必须是具体的双方当事人：一是公司法人人格的滥用者，二是因公司法人人格滥用而受到损害，并有权提起诉讼的相对人。前者是指滥用公司法人人格的股东，而后者必须是因公司法人人格滥用而实际受害的债权人。

（二）行为要件

公司股东实施了滥用公司法人独立地位和股东有限责任的行为，是适用公司法人人格否认制度的行为要件。《全国法院民

商事审判工作会议纪要》规定，股东滥用行为的典型类型包括
人格混同、过度支配与控制、资本显著不足。

（三）结果要件

公司法人人格否认制度适用的一个重要前提是必须有损害
事实存在，即滥用行为造成了逃避债务、严重损害公司债权人
利益的结果。如果股东虽有滥用公司法人人格的行为，但并没
有造成损害结果，自然也就没有适用公司法人人格否认制度的
必要。同时，此种损害结果的发生还必须与股东滥用公司法人
人格的行为之间存在因果关系。

四、法人人格否认制度的适用情形

鉴于公司法人人格否认制度为公司独立法人人格的例外情
形，其适用范围应当受到严格限制，最高人民法院在发布《全
国法院民商事审判工作会议纪要》的通知中明确指出，公司法
确认了公司法人人格独立和股东有限责任作为公司法的基本原
则。公司法人人格否认制度的目的在于纠正滥用公司法人独立
地位和股东有限责任的行为，即允许股东在特定情况下被迫对
公司债务负连带责任，以修订有限责任制度对债权人保护失衡
的现象。目前公司法人人格否认制度主要适用于以下情况。

（一）人格混同

人格混同指的是公司法人人格和股东人格互相混淆，判断其是否存在的最基本准则是公司是否具备独立的意愿和独立的财产，公司的财产与股东的财产是否产生了混淆以至于无法区分。主要涉及以下情况。

1. 股东无偿使用公司资金或者财产，不作财务记载的；

2. 股东用公司的资金偿还股东的债务，或者将公司的资金供关联公司无偿使用，不作财务记载的；

3. 公司账簿与股东账簿不分，致使公司财产与股东财产无法区分的；

4. 股东自身收益与公司盈利不加以区分，致使双方利益不清的；

5. 公司的财产记载于股东名下，由股东占有、使用的；

6. 人格混同的其他情形。

在出现人格混同的情况下，往往同时出现以下混同：财产混同、业务混同、认识混同、住所混同等。

（二）过度支配与控制

过度支配与控制是指股东对公司过度支配与控制，他们操纵公司的决策过程，使公司完全丧失独立性，沦为控制股东的工具或躯壳，从而严重损害公司债权人利益。在这种情况下，应当否认公司法人人格，由滥用控制权的股东对公司债务承担连带责任。实践中常见的情形如下。

1.母子公司之间或者子公司之间进行利益输送的；

2.母子公司或者子公司之间进行交易，收益归一方，损失却由另一方承担的；

3.先从原公司抽走资金，然后再成立经营目的相同或者类似的公司，逃避原公司债务的；

4.先解散公司，再以原公司场所、设备、人员及相同或者相似的经营目的另设公司，逃避原公司债务的；

5.过度支配与控制的其他情形。

控股股东或实际控制人滥用权力，控制多个子公司或关联公司，将导致财产界限模糊、财务交织、利益相互流失，使公司失去独立性，成为控股股东逃避债务、非法经营甚至违法犯罪的工具。

（三）资本显著不足

资本显著不足指的是，公司设立后，在经营过程中，股东实际投入公司的资本数额与公司经营所隐含的风险相比明显不匹配。若股东只投入较少的资本并令公司从事其不熟悉的经营活动，则表明其缺少对公司经营的真诚态度，实际上股东在恶意利用公司独立法人地位和股东有限责任，将投资风险转嫁给债权人。

五、司法案例

【案例 4-1】

最高人民法院发布的第 15 号指导案例——某工集团工程机械股份有限公司诉成都某交工贸有限责任公司等买卖合同纠纷案【（2011）苏商终字第 0107 号】

【基本案情】原告某工集团工程机械股份有限公司（以下简称某工机械公司）诉称：成都某交工贸有限责任公司（以下简称某交工贸公司）拖欠其货款未付，而成都某交工程机械有限责任公司（以下简称某交机械公司）、四川某路建设工程有限公司（以下简称某路公司）与某交工贸公司法人人格混同，三个公司实际控制人王某某以及某交工贸公司股东等人的个人资产与公司资产混同，均应承担连带清偿责任。请求判令：某交工贸公司支付所欠货款 1091 万元及利息；某交机械公司、某路公司及王某某等个人对上述债务承担连带清偿责任。

被告某交机械公司、某路公司辩称：三个公司虽有关联，但并不混同，某交机械公司、某路公司不应对某交工贸公司的债务承担连带清偿责任。

王某某等人辩称：王某某等人的个人财产与某交工贸公司的财产并不混同，不应对某交工贸公司的债务承担连带清偿责任。

法院经审理查明：某交机械公司成立于 1994 年，股东为四川省公路桥梁工程总公司某公司、王某某（被告）、倪某、杨某某等。2001 年，股东变更为王某某、李某、倪某。2008 年，股东再次变更为王某某、倪某。某路公司成立于2004年，股东为王某某、李某、倪某。2007年，股东变更为王某某、倪某。某交工贸公司成立于2005年，股东为吴某、张某某、凌某、过某某、汤某某、武某、郭某、何某某，2007年入股。2008年，股东变更为张某某（占90％股份）、吴某（占10％股份），其中张某某系被告王某某之妻。在公司人员方面，三个公司经理均为王某某，财务负责人均为凌某，出纳会计均为卢某，工商手续经办人均为张某；三个公司的管理人员存在交叉任职的情形，如过某某兼任某交工贸公司副总经理和某交机械公司销售部经理的职务，且免去过某某某交工贸公司副总经理职务的决定系由某交机械公司作出；吴某既是某交工贸公司的法定代表人，又是某交机械公司的综合部行政经理。在公司业务方面，三个公司在工商行政管理部门登记的经营范围均涉及工程机械且基本重合，其中某交工贸公司的经营范围被某交机械公司的经营范围完全覆盖；某交机械公司系某工机械公司在四川省（攀枝花除外）的唯一经销商，但三个公司均从事相关业务，且相互之间存在共用统一格式的《销售部业务手册》《二级经销协议》以及共用结算账户的情形；三个公司在对外宣传中区分不明，2008年12月4日重庆市公证处出具的《公证书》记载：通过网络查询，某交工贸公司、某路公司在相关网站上共同招聘员工，所留电话号码、传真号码等联系方式相同；某交工贸公司、某路公司的招聘信息，包括大量关于某交机械公司的发展历程、主营业务、企业精神的宣传内容；部分某交工贸公司的招聘信息中，公司简介全部为对某路公司的介绍。在公司财务方面，三个公司共用结算账户，凌某、卢某、汤某某、过某某的银行卡中曾发生高达亿元的往来，资金的来源包括三个公司的款项，对外支付的依据仅为王某某的签字；在某交工贸公司向其客户开具的收据中，有的加盖其财务专用章，有的则加盖某路公司的财务专用章；在与某工机械公司均签订合同、均有业务往来的情况下，三个公司于2005年8月共同向某工机械公司出具《说明》，称因某交机械公司业务扩张而注册了另两个公司，要求将所有债权债务、销售量计算在某交工贸公司名下，并表示今后尽量以某交工贸公司名义进行业务往来；2006年12月，某交工贸公司、某路公司共同向某工机械公司出具《申请》，以统一核算为由要求将2006年度的业绩、账务均计算至某交工贸公司名下。

另法院查明，2009年5月26日，卢某在徐州市公安局经侦支队对其进行询问时陈述：某交工贸公司目前已经垮了，但未注销。又查明，某工机械公司未得到清偿的货款实为10 511 710.71元。

【裁判结果】江苏省徐州市中级人民法院于2011年4月10日作出（2009）徐民二初字第0065号民事判决：一、某交工贸公司于判决生效后10日内向某工机械公司支付货款10 511 710.71元及逾期付款利息；二、某交机械公司、某路公司对某交工贸公司的上述债务承担连带清偿责任；三、驳回某工机械公司对王某某、吴某、张某某、凌某、过某某、汤某某、郭某、何某某、卢某的诉讼请求。宣判后，某交机械公司、某路公司提起上诉，认为一审判决认定三个公司法人人格混同，属于事实认定不清；认定对某交机械公司、某路公司为某交工贸公司的债务承担连带清偿责任的判决，缺乏法律依据。某工机械公司答辩请求维持一审判决。江苏省高级人民法院于 2011 年 10 月 19 日作出（2011）苏商终字第 0107 号民事判决：驳回上诉，维持原判。

法院生效裁判认为：针对上诉范围，二审争议焦点为某交机械公司、某路公司与某交工贸公司是否人格混同，应否对某交工贸公司的债务承担连带清偿责任。

笔者认为，某交工贸公司与某交机械公司、某路公司法人人格混同。一是三个公司人员混同。三个公司的经理、财务负责人、出纳会计、工商手续经办人均相同，其他管理人员亦存在交叉任职的情形，某交工贸公司的人事任免存在由某交机械公司决定的情形。二是三个公司业务混同。三个公司实际经营中均涉及工程机械相关业务，经销过程中存在共用销售手册、经销协议的情形，对外进行宣传时信息混同。三是三个公司财务混同。三个公司使用共同账户，以王某某的签字作为具体用款依据，对其中的资金及支配无法证明已作区分。三个公司与某工机械公司之间的债权债务、业绩、账务及返利均计算在某交工贸公司名下。因此，三个公司之间表征人格的因素（人员、业务、财务等）高度混同，导致各自财产无法区分，故三个公司均已丧失独立人格，构成人格混同。

某交机械公司、某路公司应当对某交工贸公司的债务承担连带清偿责任。公司法人人格独立是其作为法人独立承担责任的前提。公司法（2005 年修订）第三条第一款规定："公司是企业法人，有独立的法人财产，享有法人财产权。公司以其全部财产对公司的债务承担责任。"公司的独立财产是公司独立承担责任的物质保证，公司的独立人格也突出地表现在财产的独立上。当关联公司的财产无法区分，丧失独立人格时，它就丧失了独立承担责任的基础。公司法（2005年修订）第二十条第三款①规定："公司股东滥用公司法人独立地位和股东有限责任，逃避债务，严重损害公司债权人利益的，应当对公司债务承担连带责任。"本案中，三个公司虽在工商登记部门登记为彼此独立的企业法人，但实际上相互之间界限模糊、人格混同，其中某交工贸公司承担所有关联公司的债务却无力清偿，又使其他关联公司逃避巨额债务，严重损害了债权人的利益。上述行为违背了法人制度设立的宗旨，违背了诚实信用原则，其行为本质和危害结果与公司法（2005年修订）第二十条第三款规定的情形相当，故参照公司法（2005年修订）第二十条第三款的规定，某交机械公司、某路公司对某交工贸公司的债务应当承担连带清偿责任。

【案例4-2】

三亚某投资有限公司、张某某与海南某房地产开发有限公司、梁某、西藏某投资有限公司、中国建设银行股份有限公司某分行确认合同效力纠纷案【（2019）最高法民终960号】

案涉三亚某投资公司与其股东间存在巨额转账行为，虽相关证据未形成证据链证明股东与公司间存在真实有效的借款关

---

① 现已修订为新公司法第二十三条，公司股东滥用公司法人独立地位和股东有限责任，逃避债务，严重损害公司债权人利益的，应当对公司债务承担连带责任。

股东利用其控制的两个以上公司实施前款规定行为的，各公司应当对任一公司的债务承担连带责任。

只有一个股东的公司，股东不能证明公司财产独立于股东自己的财产的，应当对公司债务承担连带责任。

系，但是，在认定公司与股东人格混同时，法院需要综合多方面因素判断公司是否具有独立意思、公司与股东的财产是否混同且无法区分、是否存在其他混同情形等。本案中，三亚某投资公司的单笔转账行为尚不足以证明其和张某某构成人格混同。并且，三亚某投资公司以《资产转让合同》目标地块为案涉债务设立了抵押，海南某房地产公司亦未能举证证明三亚某投资公司该笔转账行为严重损害了其作为债权人的利益。因此，三亚某投资公司向张某某转账 2951.8384 万元的行为，尚未达到否认三亚某投资公司的独立人格的程度。

作为三亚某投资公司股东的张某某在未能证明其与三亚某投资公司之间存在交易关系或者借贷关系等合法依据的情况下，接收了三亚某投资公司向其转账的 2951.8384 万元，此举虽然不足以否定三亚某投资公司的独立人格，但该行为在客观上转移并减少了三亚某投资公司的资产，降低了其偿债能力，张某某应当承担相应的责任。该笔转账款 2951.8384 万元超出了张某某向三亚某投资公司认缴的出资数额，根据举重以明轻的原则并参照《最高人民法院关于适用〈中华人民共和国公司法〉若干问题的规定（三）》第十四条①关于股东抽逃出资情况下的责任形态的规定，张某某应对三亚某投资公司借款债务及违约金不能清偿的部分在 2951.8384 万元及其利息范围内承担补充

---

① 《最高人民法院关于适用〈中华人民共和国公司法〉若干问题的规定（三）》第十四条，股东抽逃出资，公司或者其他股东请求其向公司返还出资本息、协助抽逃出资的其他股东、董事、高级管理人员或者实际控制人对此承担连带责任的，人民法院应予支持。

公司债权人请求抽逃出资的股东在抽逃出资本息范围内对公司债务不能清偿的部分承担补充赔偿责任、协助抽逃出资的其他股东、董事、高级管理人员或者实际控制人对此承担连带责任的，人民法院应予支持；抽逃出资的股东已经承担上述责任，其他债权人提出相同请求的，人民法院不予支持。

赔偿责任。

【法院说理】

1. 公司法人人格独立和股东有限责任系公司法基本原则。否认公司独立人格，由滥用公司法人独立地位和股东有限责任的股东对公司债务承担连带责任，系股东有限责任例外情形。否认公司法人人格，须具备股东实施滥用公司法人独立地位及股东有限责任行为及该行为严重损害公司债权人利益的法定要件。

2. 本案中，三亚某投资公司向张某某转账，张某某提交了借款协议、还款协议及投资公司转账凭证，但未提交其向三亚某投资公司支付借款协议约定借款的银行转账凭证，未能形成证据链证明张某某与三亚某投资公司之间存在真实有效的借款关系。但在认定公司与股东人格混同时，法院须综合多方面因素进行判断。本案中，三亚某投资公司该单笔转账行为尚不足以证明三亚某投资公司和张某某构成人格混同，且三亚某投资公司以资产转让合同目标地块为案涉债务设立了抵押，开发公司亦未能举证证明三亚某投资公司该笔转账行为严重损害了其作为债权人的利益，故三亚某投资公司向张某转账2900余万元行为，尚未达到否认三亚某投资公司独立人格程度。

3. 作为三亚某投资公司股东的张某某在未能证明其与三亚某投资公司之间存在交易关系或借贷关系等合法依据情况下，接收了三亚某投资公司的转账，此举虽不足以否定三亚某投资公司独立人格，但该行为在客观上转移并减少了三亚某投资公司资产，降低了其偿债能力，张某某应承担相应责任。

最终法院判决：三亚某投资公司退还开发公司诚意金并支

付违约金，张某某对三亚某投资公司前述债务不能清偿部分在转款本息范围内承担补充赔偿责任。

笔者认为，否认公司法人人格，须具备股东实施滥用公司法人独立地位及股东有限责任的行为以及该行为严重损害公司债权人利益的法定要件。认定公司与股东人格混同，需要综合多方面因素判断公司是否具有独立意思、公司与股东的财产是否混同且无法区分、是否存在其他混同情形等。公司向股东的单笔转账行为尚不足以证明公司和股东构成人格混同。债权人亦未能举证证明公司的该笔转账行为严重损害了其作为债权人的利益，故人民法院不得依据公司法（2018年修订）第二十条第三款径行判令股东对公司的全部债务承担连带责任。但同时，作为公司股东在未能证明其与公司之间存在交易关系或者借贷关系等合法依据的情况下，接受公司的转账，虽然不足以否定公司的独立人格，但该行为在客观上转移并减少了公司资产，降低了公司的偿债能力，该股东应当承担相应的责任。

【案例4-3】

中国某资产管理公司成都办事处与四川某装饰工程有限公司、四川某房屋开发有限公司、四川某娱乐有限责任公司借款担保合同纠纷案【（2008）民二终字第55号】

【基本案情】装饰公司、房屋公司、娱乐公司股权关系交叉，均为关联公司，实际均为沈氏公司出资设立，沈某某作为公司的董事长，同时身兼三公司的法定代表人，其利用对三公司的控制权，将装饰公司贷款大量投入娱乐公司某酒城项目；

在未办理工商变更登记的情况下，将娱乐公司对装饰公司欠款 7392 万元和对房屋公司欠款 1086 万元转为两公司对娱乐公司的投资款，且 2003 年以后装饰公司对娱乐公司的投资只有 2795 万元，装饰公司的 3597 万元投资款去向不明；并将某酒城项目的经营收益用于支付所谓某集团名下所有公司的房租、水电费、员工工资；将沈氏公司对房屋公司的投资用于支付某酒城项目设计费；装饰公司、房屋公司、娱乐公司还共同为装饰公司贷款还本付息，装饰公司、房屋公司、娱乐公司均认为自己对"流金岁月"及"茵梦湖"项目的资产享有处分权，以并不存在的某集团名义向贷款人出具函件，致使贷款人也无法区分三者间的人员及财产。装饰公司、房屋公司、娱乐公司还存在同一地址办公、联系电话相同、财务管理人员在一段时期内相同的情况。上述事实表明，装饰公司、房屋公司、娱乐公司表面上是彼此独立的公司，但各公司之间已实际构成了人格混同。其行为违背了法人制度设立的宗旨，违反了诚实信用和公平原则，损害了债权人利益。因此，装饰公司的债务应由娱乐公司和房屋公司承担连带清偿责任。

笔者认为：存在股权关系交叉、均为同一法人出资设立、由同一自然人担任各个公司法定代表人的关联公司，如果该法定代表人利用其对于上述多个公司的控制权，无视各公司的独立人格，随意处置、混淆各个公司的财产及债权债务关系，造成各个公司的人员、财产等无法区分的，该多个公司法人表面上虽然彼此独立，但实质上构成人格混同。因此损害债权人合法权益的，该多个公司法人应承担连带清偿责任。

六、总结与展望

公司法人人格否认制度的健全，在一定程度上遏制了股东滥用法人独立人格和股东有限责任的问题，有效地维护了公司债权人的利益，间接地维护了社会利益。对于公司股东而言，在法人人格否认制度下，应当更加重视规范公司及关联公司运作的重要性，注意人格混同、过度支配与控制等可能造成关联公司之间承担连带责任的法律后果，尤其是在涉及关联交易的情况下，须避免疑似利益输送的行为，同时还须充分注意公司之间人员重合、经营场所、联系方式、对外宣传、经营材料重合等安排所带来的关联公司法人人格否认的风险。同时，股东应当树立并坚持公司财产独立观念，不得依据股东意愿随意处分公司财产，建立独立健全的财务管理制度，完善股东及公司之间资金往来的审批管理流程、减少股东账户与公司账户的共用混用。此外，针对关联公司在各方面潜在的混同风险，应当确保关联公司办公或经营场所独立可区分，避免业务范围重合及对外经营中的混用印章、宣传资料及立约文本等，避免在关联公司管理层中聘用相同人员。尽可能通过建立全面的公司财务体系及调整公司的治理结构，防止债权人通过法人人格否认制度主张由公司股东承担连带责任。

对于债权人而言，在股东滥用法人独立地位和股东有限责任使得债权无法实现以及部分无法实现的情况下，其可通过法人人格否认制度有效地维护自己利益，同时应当充分重视债务人公司及其股东、关联公司之间财务混同、业务混同、人员混同等相关证据的搜集，关注如国家企业信用信息公示系统公示的高管信息、经营地址及联系方式信息、商业交易宣传信息、收款及发票开具信息、合同模板共用及审批流程等在内的混同信息并及时留存取证，以便于完成追索债权时的举证或初步举证责任。对于财务混同涉及的会计账簿、会计凭证、财务账册等资料，外部债权人一般没有获取渠道，但亦可留意交易对手方是否存在相互之间共用资产、混用收款账户或渠道等财产混同的情况并保留有关证据。

法人人格否认制度不仅促进了社会公平正义，还为经济发展提供了有力的法律保障。新公司法对法人人格否认制度的重要推进将对公司实务产生深远影响。新规定将加大债权人的保护力度、促进公司提升治理水平并增加公司股东的责任风险。未来，随着市场经济的不断发展和公司制度的不断完善，可以期待法人人格否认制度能够在实务中发挥更大的作用，筑起保护债权人合法权益的坚实堡垒。

第五章

明确设立登记、变更登记、注销登记的事项和程序

一、概述

公司登记制度是公司法的核心制度，覆盖了公司的整个生命周期，事关投资兴业、并购重组、公司治理、股权保护、股权流转及社会信用体系等诸多方面。公司登记制度是衡量公司法现代化程度的试金石。

公司登记是指公司在设立、变更、终止时，由申请人依法向公司登记机关提出申请，经登记机关审查无误后予以核准并记载法定登记事项的行为。新公司法将"公司登记"作为专章首次写入法律，足可见其有重大的制度价值。该制度设计赋予了公司法人主体资格的法律地位，通过向市场主体公示与公司相关的经营事项，向社会展示公司的经营活动类型、经营规模、经营能力，降低市场主体相互获取信息的成本，提高市场交易的效率，并维护交易安全，同时也便于国家维护市场经济秩序。

二、新公司法中公司登记制度的修订背景

现行公司登记制度存在并不明确的可诉性、可裁性与可执行性，解决实际问题的制度缺陷仍有显现。公司登记信息也存在部分不全、不准、不新与不权威的情况。"不全"是指，在公司法（2018 年修订）规定下，法定公司登记信息缺少股权代持（信托）登记、股东实缴出资、非上市股份公司发起人之外的股东与实际控制人等关键信息。"不准"是指，登记机构登记公示的信息未能精准公允地反映或体现法律事实或法律关系的真实面貌。例如，善意相对人关注的公司与股东的身份与财务信息不一定准确。"不新"是指，公司信息没有及时办理登记、变更登记或公示，致使登记公示信息严重滞后于法律事实与法律关系的变更时点。"不权威"是指，有些公司登记信息尚未获得相对人与公众的高度信赖。不法行为人的冒名登记行为更严重贬损了登记信息的公示公信效力。要提高公司登记信息质量，必先探究公司登记行为的法律属性。

为弥补公司登记制度漏洞，2021 年，市场主体登记管理条例废止了《中华人民共和国公司登记管理条例》，提升了登记便利度，精简了申请材料和登记环节，解决了"注销难"问题，设立了歇业制度，明确了诚信监管要求、法律责任和处罚措施。鉴于公司登记制度在公司法中的重要地位，新公司法在总则之后新增第二章"公司登记"，该章总结了登记制度改革的成功经验，响应了市场各方的制度需求。

三、新公司法中公司登记制度的修订内容

（一）在登记事项方面，明确公司登记事项包括名称、住所、注册资本、经营范围、法定代表人的姓名、公司股东 / 发起人的姓名和名称。同时要求公司登记机关应当将规定的公司登记事项通过国家企业信用信息公示系统向社会公示。其中明确要求公司应在国家企业信用信息公示系统公示有限责任公司股东认缴和实缴的出资额、出资方式和出资日期与股份有限公司发起人认购的股份数，公司出资信息与债务承担能力进一步对外呈现，对注册资本实缴的充分公示将增强交易双方的相互了解程度，从而增加交易安全，但将会增加小规模企业信息披露的压力。

（二）在注册资本方面，除法律、行政法规以及国务院决定另有规定外，有限责任公司的注册资本认缴时间由现行的无要求改为最长不超过五年；股份有限公司的注册资本引入授权资本制，允许公司章程或者股东会授权董事会发行股份；新增简易减资制度、不按出资比例减资制度，允许公司按照规定通过减少注册资本方式弥补亏损，允许有限责任公司全体股东约定或股份有限公司章程规定不按出资比例进行减资。

（三）在公司法定代表人的选任方面。由原先的公司董事长（执行董事）或经理担任，扩大到代表公司执行公司事务的董事或者经理。新增法定代表人辞任的规定，辞去董事或者经理，视为同时辞去法定代表人职务，实现了公司职位与法定代表人身份的同步，避免了司法实践中大量存在的公司登记纠纷。

明确了公司确定新法定代表人的期限，法定代表人辞任的，公司应当在法定代表人辞任之日起三十日内确定新的法定代表人。

（四）在公司董监高设置方面，允许公司在董事会设置审计委员会的前提下，不设监事（会）；允许规模较小或者股东人数较少的公司，不设董事会只设一名董事，取消了执行董事；职工人数三百人以上的公司，除依法设监事会并有公司职工代表的外，其董事会成员中应当有职工代表。

（五）在申请变更文件方面，申请变更登记，应当向公司登记机关提交公司法定代表人签署的变更登记申请书、依法作出的变更决议或者决定等文件；公司变更登记事项涉及修改公司章程的，应当提交修改后的公司章程；公司变更法定代表人的，变更登记申请书由变更后的法定代表人签署。

（六）简化公司部分登记事项的办理流程。新公司法按照公司生命周期将公司登记事项总结并单独设置为第二章节，涵盖公司设立、变更、注销等登记与公示事项，其中对公司登记环节进行部分简化，如明确电子营业执照与纸质营业执照具有同等法律效力；新增对公司在存续期间未产生债务，或者已清偿全部债务的企业适用简易注销程序，对公司被吊销营业执照、责令关闭或者被撤销的企业，适用强制注销程序，上述规定将会大幅缩短公司注销所需的时间。

（七）修订撤销登记制度。新公司法第三十九条规定："虚报注册资本、提交虚假材料或者采取其他欺诈手段隐瞒重要事实取得公司设立登记的，公司登记机关应当依照法律、行政法规的规定予以撤销。"该条赋予了公司登记机关对通过提供虚假材料等手段违法取得公司设立登记的公司予以撤销登记的权力，这对于减少虚假登记、保护债权人权益等具有重要的意义。

（八）新设强制注销登记制度。新公司法第二百四十一条规定："公司被吊销营业执照、责令关闭或者被撤销，满三年未向公司登记机关申请注销公司登记的，公司登记机关可以通过国家企业信用信息公示系统予以公告，公告期限不少于六十日。公告期限届满后，未有异议的，公司登记机关可以注销公司登记。依照前款规定注销公司登记的，原公司股东、清算义务人的责任不受影响。"这一规定对于净化公司登记信息系统、防止公司登记中的垃圾信息误导交易相对方或者市场监管部门具有实践意义。

（九）虚报注册资本、提交虚假材料或者采取其他欺诈手段隐瞒重要事实取得公司登记的法律责任，新公司法第二百五十条规定："违反本法规定，虚报注册资本、提交虚假材料或者采取其他欺诈手段隐瞒重要事实取得公司登记的，由公司登记机关责令改正，对虚报注册资本的公司，处以虚报注册资本金额百分之五以上百分之十五以下的罚款；对提交虚假材料或者采取其他欺诈手段隐瞒重要事实的公司，处以五万元以上二百万元以下的罚款；情节严重的，吊销营业执照；对直接负责的主管人员和其他直接责任人员处以三万元以上三十万元以下的罚款。"

（十）未依法公示有关信息或者不如实公示有关信息的法律责任，新公司法第二百五十一条规定："公司未依照本法第四十条①规定公示有关信息或者不如实公示有关信息的，由公司登记机关责令改正，可以处以一万元以上五万元以下的罚款。情节严重的，处以五万元以上二十万元以下的罚款；对直接负责的主管人员和其他直接责任人员处以一万元以上十万元以下的罚款。"

四、司法案例

【案例5-1】

韦某某与新疆宝某房地产开发有限公司等请求变更公司登记纠纷案【（2022）最高法民再94号】

【基本案情】 宝某房地产公司于2013年3月26日成立，注册资本为2000万元，宝某投资公司和嘉某公司为其股东，其中宝某投资公司认缴出资1900万元，嘉某公司认缴出资100万元，韦某某担任宝某房地产公司的董事长及法定代表人。宝某投资公司成立于2012年12月6日，为宝某投资控股有限公司控股法人独资企业。

韦某某向法院提出再审，其诉讼请求如下。一、依法撤销

---

① 新公司法第四十条，公司应当按照规定通过国家企业信用信息公示系统公示下列事项：

（一）有限责任公司股东认缴和实缴的出资额、出资方式和出资日期，股份有限公司发起人认购的股份数；

（二）有限责任公司股东、股份有限公司发起人的股权、股份变更信息；

（三）行政许可取得、变更、注销等信息；

（四）法律、行政法规规定的其他信息。

公司应当确保前款公示信息真实、准确、完整。

宁夏回族自治区高级人民法院（2021）宁民终82号民事判决，改判宝某房地产公司为韦某某办理公司法定代表人工商变更登记，并由宝某投资公司、嘉某公司予以配合。二、由宝某房地产公司、宝某投资公司、嘉某公司承担再审费用。

事实和理由如下。一、韦某某与宝某房地产公司之间已不存在劳动关系，已丧失继续担任宝某房地产公司法定代表人的基础和条件。2017年7月18日，宝某石化集团有限公司（以下简称宝某石化集团）总裁办下发宝总发（2017）63号《关于干部免职的决定》，免去韦某某在宝某房地产公司董事长、法定代表人及宝某石化集团的一切职务。同年7月20日，宝某房地产公司控股股东宝某投资公司通知韦某某免职事宜，并告知该免职决定已经通知嘉某公司，嘉某公司接受并同意免职决定。故韦某某自2017年7月18日即已解除了与宝某房地产公司关于担任法定代表人任职的委托，且事实上韦某某自被免职后，已经被停止在宝某石化集团和宝某房地产公司的全部职务和工作，亦未再领取宝某石化集团任何报酬，韦某某与宝某房地产公司间不存在任何关联关系。根据公司法（2018年修订）的规定，公司法定代表人依法应由董事长、执行董事或者经理担任，也就是说自然人成为公司的法定代表人，应当与公司之间存在实质性的利益关联，该种利益关联是其担任公司法定代表人的前提和由来。因此，韦某某已经丧失作为宝某房地产公司法定代表人的法律基础和基本条件。宝某房地产公司理应为韦某某办理法定代表人变更登记。宝某房地产公司在对韦某某作出免职决定，韦某某离开公司并解除双方劳动关系的情况下，怠于和拒绝为韦某某变更法定代表人登记，损害了韦某某的权益。

二、宝某房地产公司的股东就免除韦某某董事长、法定代表人职务达成合意，已经产生股东会决议的法律效果。宝某石化集团下发《关于干部免职的决定》后，宝某投资公司通知了嘉某公司，嘉某公司同意，本案二审审理中嘉某公司向法院提交的答辩意见也已证实上述事实。因宝某投资公司拖延及后期被整体接管致未能完成韦某某法定代表人变更登记，韦某某也无法获得宝某房地产公司内部的股东会决议。但结合宝某投资公司出具的《免职通知书》和嘉某公司提交的答辩意见，事实上宝某房地产公司的两股东已就免除韦某某法定代表人的职务达成一致意见，产生股东会决议的法律效力，故依法应当认定免除韦某某法定代表人是两股东共同意思表示。

三、韦某某已穷尽公司内部的救济手段。韦某某被免职后，因其与公司无投资关系，再没有继续为宝某石化集团工作，作为离职人员其无法通过召集股东会等公司自治途径对法定代表人变更事项进行决议，并提供相应的证据材料，且公司章程中也不涉及有关法定代表人变更登记的规定。此种情形下，韦某某向宝某石化集团和宝某房地产公司提出变更登记的请求，但该诉求被置之不理，韦某某被迫继续"挂名"宝某房地产法定代表人，已经严重损害其利益，故诉至法院，请求依法保护其权益。

再审法院认为，宝某房地产公司应当为韦某某办理公司法定代表人工商变更登记，理由如下。

一、宝某房地产公司已经终止与韦某某之间的法定代表人委托关系，韦某某已经不具有代表公司的法律基础。

本案中，《新疆宝某房地产开发有限公司章程》第十三条规定，宝某房地产公司股东会是公司的权力机构，有权选举和更换董事。第十九条规定，董事会董事由股东委派，董事会对股东会负责，执行股东会决议，董事长由董事会选举产生。第二十六条规定，董事长为公司法定代表人。2013年3月26日，宝某房地产公司成立，韦某某是宝某房地产公司股东宝某投资公司委派的董事，依据公司章程，韦某某经董事会被选举为董事长，依据章程担任公司法定代表人，并办理了工商登记。因此，韦某某系受公司权力机关委托担任了公司法定代表人。

2017年7月18日，宝某石化集团下发《关于干部免职的决定》，免除韦某某宝某房地产公司董事长、法定代表人职务。2017年7月20日，宝某投资公司依据宝某石化集团上述干部免职决定，向韦某某发出《免职通知书》，免去韦某某公司董事长、法定代表人职务。该《免职通知书》还载明："本公司作为新疆宝某房地产开发有限公司的控股股东，有权决定该公司董事长、法定代表人任免。本公司已将对你的免职决定通知另一股东新疆嘉某投资有限公司，该公司未提出异议。本通知自发出之日生效。"韦某某被免职后，未在该公司工作，也未从公司领取报酬。本案诉讼中，嘉某公司明确其知晓并同意公司决定，因此，可以认定宝某房地产公司两股东已经就韦某某免职作出股东会决议并通知了韦某某，该决议符合宝某房地产公司章程规定，不违反法律规定，依法产生法律效力，双方的委托关系终止，韦某某已经不享有公司法定代表人身份。依据公司法（2018年修订）第十三条规定"公司法定代表人依照公司章程的规定，由董事长、执行董事或者经理担任，并依法登记。公司法定代表人变更，应当办理变更登记"，宝某房地产公司应当依法办理法定代表人变更登记。

二、宝某房地产公司怠于履行义务，对韦某某的权益造成了损害，公司应依法办理法定代表人变更登记。

按照原国家工商行政管理局（现称国家市场监督管理总局）制定的《企业法人法定代表人登记管理规定》（1999年修订）第六条，"企业法人申请办理法定代表人变更登记，应当向原企业登记机关提交下列文件：（一）对企业原法定代表人的免职文件；（二）对企业新任法定代表人的任职文件；（三）由原法定代表人或者拟任法定代表人签署的变更登记申请书。"以及第七条"有限责任公司或者股份有限公司更换法定代表人需要由股东会、股东大会或者董事会召开会议作出决议……"之规定，宝某房地产公司只须提交申请书以及对原法定代表人的免职文件、新法定代表人的任职文件，并请股东会、股东大会或者董事会召开会议作出决议，即可自行办理工商变更登记。本案中，韦某某在被免职后，其个人不具有办理法定代表人变更登记的主体资格，宝某房地产公司亦没有依法向公司注册地工商局提交变更申请以及相关文件，导致韦某某在被免职后仍然对外登记公示为公司法定代表人，在宝某房地产公司相关诉讼中被限制高消费等，已经给韦某某的生活造成实际影响，侵害了其合法权益。除提起本案诉讼外，韦某某已无其他救济途径，故韦某某请求宝某房地产公司办理工商变更登记，依法有据，应予支持。至于本案判决作出后，宝某房地产公司是否再选任新的法定代表人，属于公司自治范畴，本案不予处理。

最终，法院认定，应对原一、二审判决以宝某房地产公司未形成决议等为由驳回韦某某的有误诉讼请求依法予以纠正，并判决新疆宝某房地产开发有限公司为韦某某办理公司法定代表人变更登记。

综上，笔者认为，法定代表人是对外代表公司从事民事活动的公司负责人，法定代表人登记依法具有公示效力。就公司内部而言，公司与法定代表人之间为委托法律关系，法定代表人代表权的基础是公司的授权，自公司任命时取得至免除任命时终止。公司权力机关依公司章程规定免去法定代表人的职务后，法定代表人的代表权即为终止。有限责任公司股东会依据章程规定免除公司法定代表人职务的，公司执行机关应当执行公司决议，依法办理公司法定代表人工商变更登记。

【案例 5-2】

某某有限公司诉孙某、上海某融资租赁公司请求变更公司登记纠纷案——有权请求变更公司登记的股东身份认定标准及公司章程的约束力

【基本案情】原告某某有限公司诉称，原告系被告上海某融资租赁公司的独资股东。2013 年 10 月 21 日，原告根据被告公司章程第十八条、第二十条、第二十九条的规定，作出（2013）联发字第 02 号《股东决议》，决定自 2013 年 11 月 1 日起：一、免去被告孙某的执行董事和法定代表人职务，由案外人郑某担任公司执行董事和法定代表人；二、免去案外人郭某总经理职务，由案外人古某担任总经理；三、免去案外人姚某监事职务，由案外人王某担任监事；四、由孙某及公司协助郑某就上述事项向工商局办理公司变更登记备案手续。该股东

决议于 2013 年 10 月 23 日送达，原告屡次催促两被告办理手续，均未果。原告认为，其系在工商行政管理部门登记公示的股东，对本案具有当然的诉请权利，两被告在收到《股东决议》后未及时配合办理变更登记手续，与法相悖。故请求判令：一、两被告协助原告办理执行董事、法定代表人变更为郑某的工商登记变更手续；二、两被告协助原告办理总经理变更为古某的工商登记变更手续；三、两被告协助原告办理监事变更为王某的工商登记变更手续。

被告孙某、上海某融资租赁公司共同辩称：原告的起诉在形式上看是适格的，但事实上主体是不适格的，因原告系代案外人中国香港某投资公司设立了被告公司，注册资金 4 000 115 美元来自案外人某地产公司，不排除有中国香港某投资公司将该款先付予某地产公司，再由某地产公司付给原告，原告受托设立上海某融资租赁公司，导致公司受多头指挥，正常经营受阻的可能，若法院判决支持原告第一、三项诉请的话，两被告并无异议，只是担心若原告处理不好与中国香港某投资公司及某地产公司之间的问题，则两被告无法确定履行义务的对象；且根据公司章程第二十九条，变更总经理应由执行董事委派。

原告对此反驳称：被告无法证明原告系代中国香港某投资公司设立了上海某融资租赁公司且向某地产公司借取了注册资本金，即便原告与某地产公司之间存在借款关系，也与本案无关；章程明确载明首任总经理由股东委派，则原告当然有权撤换首任总经理。

法院经审理查明：上海某融资租赁公司经上海市人民政府批准于 2012 年 9 月 26 日在上海注册成立，登记于上海市工商行政管理局，公司类型为有限责任公司（台港澳法人独资），住所地为上海市闸北区①，注册资本为 20 000 000 美元，实收资本为 4 000 115 美元，股东为原告，法定代表人、执行董事均为孙某，监事为姚某，总经理为郭某。上海某融资租赁公司的公司章程就宗旨与经营范围、注册资本、投资者、执行董事、监事、经营和管理机构、劳动和用人体制、工会、期限、终止和清算、规章制度等事项作出明确约定，其中载明：公司投资者为原告，投资者以美元现汇形式缴付公司的注册资本，注册资本将由投资者在公司获发营业执照后三个月内缴付 20%，余额两年内缴付到位；公司不设股东会，投资者为公司最高权力机构；投资者在决定公司的经营方针和投资计划、选举和更换执行董事与监事、决定有关执行董事和监事的报酬事项时，应当采用书面形式，相关文件应由投资者或其授权代表签名后置备于公司；公司不设董事会，设执行董事一名，执行董事由投资者委派，任期三年，执行董事是公司的法定代表人；投资者可以提前七天书面通知撤换执行董事，新执行董事的任期为被撤换执行董事的剩余任期；经投资者重新任命，执行董事可以连任；公司不设监事会，设监事一名，任期三年，由投资者任免；公司应建立管理层，由总经理负责，总经理由执行董事委派，但首任总经理由投资方委派，管理层受执行董事领导，对执行董事负责；章程的制定、履行、效力和解释，以及因章程引发的任何争议的解决都适用已公布的中国有关法律法规；章程须经相关批准机关批准后生效。截至 2013 年 3 月 21 日，原告以

---

① 现已撤销，地处上海市中心区北部。——编者注

现汇出资 4 000 115 美元缴付了章程约定的首期 20% 注册资本。2013 年 10 月 21 日，上海某融资租赁公司作出 2013 联发字第 02 号《股东决议》，载明：根据公司法及公司章程，原告代表上海某融资租赁公司股东 100% 的表决权作出决议，决议事项为——自 2013 年 11 月 1 日起免去孙某公司执行董事和法定代表人的职务，由郑某担任公司执行董事和法定代表人；免去郭某公司总经理职务，由古某担任公司总经理；免去姚某公司监事职务，由王某担任公司监事；由孙某及公司协助郑某就上述事项向工商局办理公司变更登记备案手续。该决议落款处由原告及其法定代表人签章确认。次日，原告通过电子邮件及 DHL 速递（敦豪）向两被告发送《关于移交上海某融资租赁公司证照事宜》的函件，要求两被告根据前述《股东决议》，于 2013 年 11 月 1 日将被告的公司证照、财务资料等移交郑某，逾期则将诉诸法律。两被告在收悉该函件后未予配合办理工商变更登记手续。

原上海市闸北区人民法院于 2015 年 2 月 2 日作出（2014）闸民二（商）初字第 S438 号民事判决：一、上海某融资租赁公司、孙某于判决生效之日起十日内共同至上海市工商行政管理局办理关于公司法定代表人由孙某变更为郑某的登记手续；二、上海某融资租赁公司、孙某于判决生效之日起十日内共同至上海市工商行政管理局办理关于执行董事由孙某变更为郑某、监事由姚某变更为王某的备案手续；三、驳回原告的其他诉讼请求。宣判后，上海某融资租赁公司提出上诉，后申请撤回上诉。上海市第二中级人民法院于 2015 年 5 月 14 日作出（2015）沪二中民四（商）终字第 S488 号民事裁定：准予上海某融资租赁公司撤回上诉，各方均按原审判决履行。

法院生效裁判认为：原告系注册在澳门特别行政区的公司法人，根据《最高人民法院关于适用〈中华人民共和国涉外民事关系法律适用法〉若干问题的解释（一）》第十九条的规定，原告可以参照适用《中华人民共和国涉外民事关系法律适用法》（以下简称涉外民事关系法律适用法）解决问题。根据我国涉外民事关系法律适用法，"法人及其分支机构的民事权利能力、民事行为能力、组织机构、股东权利义务等事项，适用登记地法律"，因此原告以股东身份向上海某融资租赁公司提起诉讼，应适用上海某融资租赁公司登记地法律。

请求变更公司登记纠纷是股东对于公司登记中记载的事项请求予以变更而产生的纠纷，原告应当具有股东身份。工商行政管理部门对于原告作为上海某融资租赁公司独资股东予以登记确认，具有公示效力，上海某融资租赁公司章程亦明确载明原告系唯一股东，两被告对此亦未否认，并确认收到了原告依照公司章程缴付的首期20%注册资本4 000 115美元，依此可确定，原告系上海某融资租赁公司的唯一投资股东身份。至于原告缴付股本的资金究竟是自有抑或他人出借，在没有第三人提出股权异议的情况下，不影响原告股东资格的认定。两被告虽主张公司股东实为中国香港某投资公司，但并未提供充分证据予以佐证，且原告与案外人中国香港某投资公司之间是否存在委托投资关系属另一法律关系，不属于本案审理范围。故原告作为上海某融资租赁公司的股东提起本案诉讼于法有据，并无不当。

公司章程系公司意思自治的体现，但凡其内容不违反法律、行政法规的强制性规定，就对公司、股东、董事、监事及高级管理人员均有约束力，理应得到遵守。本案所涉《股东决议》就其产生程序而言，符合法律规定和章程约定，并无瑕疵，其第一、三项内容亦与章程约定不悖，应为合法有效，则上海某融资租赁公司作为企业法人，理应在公司工商登记信息发生变更时，依法履行按决议内容办理变更登记、备案的法定义务，孙某作为公司法定代表人和执行董事，应予协助。对于原告要求变更登记法定代表人、执行董事及监事的诉请，法院应予支持。此外，上海某融资租赁公司章程明确约定，"总经理由执行董事委派，首任总经理由投资方委派"，即原告作为投资方仅就首任总经理享有委派权利，其后调换之总经理应由新任执行董事再行委派，现《股东决议》第二项直接调换总经理人选，显然与章程规定相悖，原告就此提出诉请，与章程不符，难获支持。

综上，笔者意见如下。一、请求变更公司登记纠纷是因股东对公司登记中记载的事项请求予以变更而产生的纠纷，原告应当具有股东身份。市场监督管理部门关于股东身份的登记信息具有公示效力，在没有第三人提出股权异议的情况下，股东缴付股本的资金来源不影响股东资格的认定。二、公司章程作为公司组织和行为的自治规则，是实现公司自治的基本手段。除非违反法律、行政法规的强制性规定，否则公司章程的效力不得以任何方式予以排除，其对公司、股东、董事、监事及高级管理人员均有约束力，理应得到遵守和法律的确认。股东决议内容违反公司章程规定的，其相悖内容具有效力瑕疵。

第六章

有限责任公司出资额必须在五年内实缴到位

一、概述

公司注册资本制度是公司法的核心内容之一，也是影响市场经济和社会主义市场经济发展的重要因素之一。公司注册资本制度主要涉及两个方面：一是公司注册资本的形式和内容，即公司注册资本由什么构成，如货币、实物、知识产权、股权、债权等；二是公司注册资本的形成方式和时间，即公司注册资本是如何确定和支付的，就是认缴制或实缴制。

认缴制和实缴制是两种不同的公司注册资本形成方式。认缴制，是指公司在登记时只须登记股东认缴的出资额，而无须登记股东实际缴纳的出资额，也无须经过登记机关的审核和验资，股东可以根据自身的实际情况和需要，自由约定出资额、出资期限和出资方式的一种市场准入制度。实缴制，是指公司的注册资本必须在注册时由股东实际缴纳给公司的资金总额。

为了进一步完善注册资本认缴登记制度，保护债权人合法权益，维护市场秩序和公共利益，新公司法作出如下修改：完善注册资本认缴登记制度，规定有限责任公司股东认缴的出资额应当自公司成立之日起五年内缴足。

二、我国注册资本认缴制度的沿革

我国在 1993 年颁布公司法时，采用了"实收资本登记制"，即要求公司在登记时必须登记股东实际缴纳的出资额，并经过登记机关的审核和验资。这种制度虽然有利于保护债权人的利益，维护市场秩序，但也提高了公司设立的门槛，导致成本增加，影响了市场主体的数量和活力。为了适应我国市场经济的高速发展，我国分别在 1999 年、2004 年、2005 年对公司法进行了三次修改，逐步放宽了对公司实收资本的审核和验资要求，并引入了"最低注册资本要求"和"认缴登记与实收核验相结合"。

2013 年，公司法在第四次修订时，根据国家简政放权、放管结合、优化服务的改革要求，对公司注册资本制度进行了重大的改革和创新，正式实行了注册资本全面认缴登记制度。该制度进一步取消了最低注册资本限额和股东出资期限等要求[①]，大大降低了公司设立门槛，鼓励了大众创业，提高了市场活力和公司创新能力，极大地激发了创业活力，新设公司数量大幅增加。

2018 年，公司法在第五次修订时，完善了公司回购制度，

---

① 法律、行政法规以及国务院决定对公司注册资本实缴、注册资本最低限额另有规定的，从其规定。

赋予公司更多自主权，有利于促进完善公司治理、推动资本市场稳定健康发展。

2023年，公司法第六次修订^①完成了，它最终确认公司的注册资本为公司登记机关登记的全体股东认缴的出资额，但全体股东认缴的出资额应由股东按照公司章程的规定自公司成立之日起五年内缴足。

新公司法在保持公司法（2018年修订）框架结构、稳定基本制度，维护法律制度的连续性、稳定性，降低制度转换成本的同时，适应我国现行经济社会发展变化的新形势、新要求，针对我国实践中的突出问题和制度短板，对公司法（2018年修订）进行了系统的修改完善，进一步探索平衡兼顾各方利益的适当性，切实维护了公司、股东、职工和债权人的合法权益。

三、新公司法关于注册资本认缴制修订的意义

2013年，我国全面实施注册资本认缴制，有效地解决了实缴登记制下市场准入资金门槛过高、制约企业创业创新、注册资金闲置、虚假出资验资等突出问题。我国登记在册的企业数量由2013年的1500万户左右增加到了2023年的5000万户左右^②。公司资本承载着构筑公司独立人格与保护公司债权人的双

---

① 2023年12月29日，第十四届全国人大常委会第七次会议修订通过《中华人民共和国公司法》，自2024年7月1日起施行。

② 截至2023年9月底，全国登记在册的民营企业数量超过5200万户，民营企业在企业总量中的占比达到92.3%。

重功能，按期足额缴纳出资是股东的基本义务。

然而，囿于公司法（2018 年修订）司法解释对认缴制下股东出资责任的规范供给不足，司法实践对于股东未届认缴期限转让股权后的出资承担责任、非破产与解散情形下股东出资加速到期等疑难复杂案件的处理仍显犹豫。虽然 2019 年 11 月《全国法院民商事审判工作会议纪要》的发布对相关问题进行了补充规定[①]，但是在全面认缴制赋予股东期限利益的背景下，公司约定畸长的出资期限或者任意延长股东出资期限的情形依旧屡见不鲜，股东违反出资义务的情形亦贯穿了公司设立至解散的全过程，导致追究认缴股东出资责任的纠纷案件频发，损害了债权人对公司的信赖利益，不利于保障市场交易安全及维护债权人的合法权益。

因此，新公司法以问题为导向，对现行全面认缴制进行了适当的限制和调整，在坚持注册资本认缴制的基础上，进一步规定，认缴期限不得超过五年。这一规定是立法者对平衡兼顾各方利益的适当性的一次伟大探索，其既能够促进公司股东理性评估公司经营状况以及实际需求，设置合理的注册资本；同时也可以保障债权人对公司注册资本的合理信赖，为债权人获得偿付作出合理预期、评估风险等提供了基础保障。

---

① 《全国法院民商事审判工作会议纪要》中"股东出资应否加速到期"部分称，在注册资本认缴制下，股东依法享有期限利益。债权人以公司不能清偿到期债务为由，请求未届出资期限的股东在未出资范围内对公司不能清偿的债务承担补充赔偿责任的，人民法院不予支持。但是，下列情形除外：（1）公司作为被执行人的案件，人民法院穷尽执行措施无财产可供执行，已具备破产原因，但不申请破产的；（2）在公司债务产生后，公司股东（大）会决议或以其他方式延长股东出资期限的。

四、新公司法关于注册资本认缴制与最长认缴期限的规定

新公司法第四十七条第一款规定："有限责任公司的注册资本为在公司登记机关登记的全体股东认缴的出资额。全体股东认缴的出资额由股东按照公司章程的规定自公司成立之日起五年内缴足。"

除此之外，新公司法还同时出台了一系列配套条款，如第五十四条出资加速到期条款、第八十八条瑕疵股权转让的责任承担条款、第二百五十二条股东未按期出资等的法律责任条款等，以保障限期认缴制度的实施。

（一）不同时间登记设立的公司应当如何适用新公司法第四十七条

新公司法第二百六十六条规定："本法自 2024 年 7 月 1 日起施行。本法施行前已登记设立的公司，出资期限超过本法规定的期限的，除法律、行政法规或者国务院另有规定外，应当逐步调整至本法规定的期限以内；对于出资期限、出资额明显异常的，公司登记机关可以依法要求其及时调整。具体实施办法由国务院规定。"

根据该条款，限期认缴制的适用可以分为以下几种情形。

1. 新公司法施行后成立的公司

应当按照新公司法的规定自公司成立之日起五年内完成注

册资本实缴的义务。

2. 新公司法施行前已经成立的公司

新公司法施行前已成立超过五年且未完成实缴出资的公司，以及新公司法施行前已成立但未满五年、其公司章程规定的出资期限超过五年且未完成实缴出资的公司，均应当按照新公司法规定"逐步调整至本法规定的期限以内"。关于在实践中如何逐步调整、过渡期的长短等问题，新公司法中未明确规定，须待后续国务院出台具体的实施办法。

3. 出资期限、出资额明显异常的公司

按照新公司法的规定，对于此类公司"公司登记机关可以依法要求其及时调整"，但如何认定"出资期限，出资额"是否属于"明显异常"，要求公司"及时调整"的宽限期的具体时长等问题，新公司法均未予以明确，仍有待后续国务院出台具体的实施办法进行规定。

另外，考虑到法律的稳定性和连续性，不能因法律的调整而对已经存在的公司产生过大的影响，导致市场的不稳定和不必要的损失。政府和相关部门应制定合理的过渡期安排，给予公司足够的调整时间和空间，并简化公司减资或注销流程，确保市场平稳过渡。

（二）出资加速到期制度的规定和适用

新公司法第五十四条规定："公司不能清偿到期债务的，公司或者已到期债权的债权人有权要求已认缴出资但未届出资

期限的股东提前缴纳出资。"

该条在限期认缴制规定的五年期限标准的基础上，进一步作出了有条件的突破，股东的实缴义务将可能因为公司的到期债务未能清偿而加速到期，即股东并不一定可以享有五年的期限利益才须进行实缴出资，在公司负有到期债务的情况下，公司或债权人有权要求股东在出资期限未满五年的情况下提前履行实缴出资的义务。

根据新公司法，股东若认缴了注册资本，虽然法律规定最长可以在五年内实缴到位，但若公司存在不能清偿到期债务的情况，股东需要做好随时实缴到位的准备。

（三）股东未按期出资的法律责任

新公司法第四十九条规定："股东应当按期足额缴纳公司章程规定的各自所认缴的出资额。股东以货币出资的，应当将货币出资足额存入有限责任公司在银行开设的账户；以非货币财产出资的，应当依法办理其财产权的转移手续。股东未按期足额缴纳出资的，除应当向公司足额缴纳外，还应当对给公司造成的损失承担赔偿责任。"

新公司法第五十条规定："有限责任公司设立时，股东未按照公司章程规定实际缴纳出资，或者实际出资的非货币财产的实际价额显著低于所认缴的出资额的，设立时的其他股东与该股东在出资不足的范围内承担连带责任。"

新公司法第二百五十二条规定："公司的发起人、股东虚假出资，未交付或者未按期交付作为出资的货币或者非货币财产的，由公司登记机关责令改正，可以处以五万元以上二十万元以下的罚款；情节严重的，处以虚假出资或者未出资金额百分之五以上百分之十五以下的罚款；对直接负责的主管人员和其他直接责任人员处以一万元以上十万元以下的罚款。"

根据新公司法，若股东未按期出资，除应当向公司足额缴纳外，其还应当对给公司造成的损失承担赔偿责任，同时股东还可能因违反出资协议约定而被其他股东主张要求承担违约责任等。除此之外，未按期出资的股东还可能面临行政处罚。另外，设立时的其他股东可能被认定需要与未按期出资的股东在出资不足的范围内承担连带责任。

因此，建议各公司股东一方面要及时履行充足缴纳出资的义务，另一方面要督促其他股东及时履行充足缴纳出资的义务，避免承担连带责任。值得注意的是，为规范公司认缴出资行为、营造诚实守信的市场环境，新公司法还要求将实缴出资信息作为公司强制公示事项。根据新公司法第四十条，公司应当按照规定通过国家企业信用信息公示系统公示有限责任公司股东认缴和实缴的出资额、出资方式和出资日期等。公司应当确保前款公示信息真实、准确、完整。

同时，新公司法还明确了对公司违反上述公示法律责任的行政处罚。根据新公司法第二百五十一条，"公司未依照本法第四十条规定公示有关信息或者不如实公示有关信息的，由公司登记机关责令改正，可以处以一万元以上五万元以下的罚款。情节严重的，处以五万元以上二十万元以下的罚款；对直接负责的主管人员和其他直接责任人员处以一万元以上十万元以下的罚款。"

五、司法案例

【案例 6-1】

乐某、天津某国电有限公司执行异议之诉二审民事判决书

【天津市高级人民法院（2018）津民终 423 号】

乐氏公司于 2014 年 7 月 15 日设立，公司类型为自然人独资的有限责任公司，法定代表人为乐某，注册资本为 1000 万元，注册资本中货币出资占 100%，乐某认缴出资额为 1000 万元，出资方式为货币，出资时间为 2016 年 7 月 20 日。

生效判决认定，截至 2016 年 3 月 16 日，乐氏公司欠某国电公司货物运输合同约定的运费 560 812 元，滞纳金 176 203.12 元。

乐氏公司于 2016 年 7 月 18 日修改公司章程，股东姓名、出资额、出资方式及出资比例未变，将出资时间变更为 2026 年 7 月 20 日。

2017 年 11 月 30 日，乐氏公司签收执行通知书及执行财产申报令。

2018 年 1 月 22 日，乐某与案外人陆某签订股权转让协议。协议约定，乐某将持有的乐氏公司 1000 万元（其中已缴 0 元）占公司注册资本的 100% 的股权以 0 元转让给陆某。

后续，某国电公司申请追加乐某为被执行人。

最终法院确认，乐氏公司实缴资本金额为 0，乐某转让股权是在乐氏公司与某国电公司债权债务发生之后，认为依照公司法（2018 年修订）第三条第二款、第二十八条第一款及《最

高人民法院关于适用〈中华人民共和国公司法〉若干问题的规定（三）》第十三条第二款，乐某在转让乐氏公司股权之前，负有足额缴纳出资的义务。乐氏公司章程对股东出资时间作出的变更，亦不应对抗某国电公司的权利主张。本案中作为执行依据的民事判决所涉合同的签订、履行以及案件的诉讼，均发生在乐某经营乐氏公司期间，故在乐氏公司财产不足以清偿到期债务时，乐某作为尚未缴足出资的股东，应当在未依法出资范围内承担责任。

笔者认为，公司在发生对外债务后，其通过修改公司章程对股东出资时间作出的变更，不应对抗债权人的权利主张；未实缴出资的股东转让股权的，仍须对公司债务承担出资加速到期的清偿责任。

【案例 6-2】

某加油站与某石油分公司股东出资纠纷二审民事判决书【江苏省连云港市中级人民法院（2021）苏 07 民终 3329 号】

某加油站系个人独资企业，王某系投资人。

2015 年 12 月 25 日，某石油分公司（作为乙方）与某加油站（作为甲方）签订《合作经营协议书》，约定组建合资公司，约定某加油站的出资方式为土地投入。

2016 年 1 月 13 日，某加油站取得案涉土地国有建设用地使用权，归某加油站单独所有。

2016 年 5 月 24 日，合资公司注册登记成立，登记股东为某石油分公司的总公司（认缴出资额 211.17 万元人民币，持股比例 48.976%）、某加油站（认缴出资额 220 万元人民币，持股比例 51.024%）。

2016 年 7 月 22 日，某石油分公司（作为甲方）与某加油站（作为乙方）签订《合资经营合同》设立合资公司，其中合同约定，某加油站应在本合同签署之日起 30 个工作日内，将 220 万元人民币现金等值的机器设备、房产、土地使用权等资产过户到合资公司名下。合同第十七条第七项约定：某加油站承诺合资公司成立后，出让案涉土地使用权并转让至合资公司名下。

某石油分公司于 2016 年 9 月 5 日将出资款 211.17 万元转入合资公司账户，但某加油站至今未将涉案土地过户至合资公司名下。

因此，某石油分公司向法院起诉主张某加油站立即将约定出资的案涉土地使用权过户至合资公司名下。而某加油站主张，某石油分公司作为分公司，不具有独立的财产，不能独立承担责任，且某加油站其法定代表人王某不识字，签订合同时，某石油分公司拿材料给他签字他就签了，合资公司根本没有实际经营运营。

1. 某石油分公司是否具备本案诉讼主体资格？

法院认为，某石油分公司经总公司授权后，可以进行收购、租赁、新建、改造及合资加油（船、气）站项目，因此，虽然合资公司的股东之一为总公司，但合资公司系某石油分公司经授权后与某加油站共同出资设立，故某石油分公司在本案中有权以自己名义就案涉纠纷提起诉讼。

2.案涉《合作经营协议书》《合资经营合同》是否合法有效？

法院认为，某加油站认可其与某石油分公司就合资设立公司一事进行了协商并达成合意。现双方在案涉《合作经营协议书》《合资经营合同》中加盖公章，某加油站在一审中对上述协议书、合同中某加油站加盖的公章的真实性予以认可，且上述协议书、合同内容不违反法律、行政法规强制性规定，故案涉《合作经营协议书》《合资经营合同》合法有效。某加油站在二审中否认案涉《合作经营协议书》《合资经营合同》中某加油站的公章及其法定代表人王某签订的真实性，不符合法律规定，法院对其鉴定申请依法不予准许。

3.双方是否变更了出资方式？

法院认为，从全案来看，双方合作、合资的主要目的在于取得案涉土地的国有建设用地使用权，双方亦在案涉《合作经营协议书》《合资经营合同》中均约定了某加油站的出资方式为土地投入。上述事实足以证明案涉土地使用权是双方合作、合资的核心。虽然2016年5月24日的合资公司章程载明了某加油站的出资方式为货币出资，但双方在2016年7月22日形成的公司章程中再次明确了某加油站的出资方式为土地投入。

最终法院驳回上诉，维持原判，即某加油站应将案涉土地的国有建设用地使用权过户至合资公司名下。

笔者认为，一般情况下，货币出资是公司股东最常见的出资方式，此外，股东还能以实物、知识产权、土地使用权等方式进行出资。对于以实物、知识产权、土地使用权出资等方式进行出资的，应该由双方选定的第三方评估机构进行评估作价，核实财产的真实价值情况。对于以不动产或动产进行出资的，要关注是否有抵押、质押等权利瑕疵或负担存在；对于以商标权、专利权、著作权等知识产权出资的，尤其要关注权利所属以及许可使用等情况，防止产生侵犯他人知识产权的风险。为避免上述案件情况的发生，各出资人可在出资协议中明确约定各出资人的出资期限，明确约定违约责任，在保证自己如约履行出资义务的前提下，仍要积极督促其他出资人如约完成出资义务，如存在拒绝履行出资义务的，各出资人应及时按照出资协议约定寻求救济途径，切实保障自身的合法权益。

六、存量公司在新公司法下如何实现平稳过渡

为落实新公司法关于注册资本登记管理制度的要求，打造诚信有序的营商环境，市场监管总局于 2024 年 2 月 6 日发布了关于公开征求《国务院关于实施〈中华人民共和国公司法〉注册资本登记管理制度的规定（征求意见稿）》①意见的公告。

（一）明确存量公司设置三年的过渡期。明确为存量公司适用公司法关于出资期限相关规定预留三年的过渡期，即股东认缴出资期限超过五年的存量有限责任公司，应当于公司法施行之后三年过渡期内将剩余出资期限调整至五年内；股份有限公司应当在三年过渡期内，缴足认购股份的股款。

（二）明确新设公司出资期限的适用规则。按照公司法要

---

① 已于 2024 年 6 月 7 日审议通过。

求，有限责任公司应当按照公司章程规定自公司成立之日起五年内缴足注册资本，股份有限公司应当在设立登记前缴足认购股份股款。同时，对公司增资的适用规则进行了明确规定，有限责任公司新增认缴注册资本应当五年内缴足。股份有限公司增加注册资本，应当在公司股东全额缴足股款后，办理注册资本变更登记。有限责任公司、发起设立或者定向募集设立的股份有限公司，办理公司登记注册时，无须提交验资机构的验资证明。

（三）明确登记机关提升便利化服务水平。公司登记机关应当优化调整出资期限、出资额的流程和材料，提升网上办理便利化水平。对于符合一定条件的公司，可以由公司通过国家企业信用信息公示系统向社会公示二十个工作日，公示期间无异议的，公司可以办理减资手续。

（四）明确出资期限、出资额明显异常的判定处置方式。一是明确对于出资期限在三十年以上、出资额在十亿元以上的公司，有关部门应结合行业发展特点等情况，综合研判其是否属于异常情况；二是公司登记机关可以组织专业机构进行评估，或者会同相关部门进行综合研判；三是明确经省级市场监管部门同意后，公司登记机关应当要求此类公司于六个月内调整出资期限、出资额；四是明确有限责任公司如注册资本明显过高，登记机关可以依法不予登记。

（五）明确对特定公司的例外情形。一是公司法施行前设立的民营、外商投资、国家出资等公司，以及承担国家重大战略任务、关系国计民生或者涉及国家安全、重大公共利益的公司，经国务院主管部门或者省级以上人民政府同意，可以按原有出资期限出资；二是针对公司法施行前设立的公司中被吊销营业执照、责令关闭或者被撤销导致公司无法调整注册资本的，或者因通过登记的住所、经营场所无法联系而被列入经营异常名录的，公司登记机关可以另册管理，在国家企业信用信息公示系统上特别标注并公示该类公司。

（六）明确信息公示的具体要求。公司应当自信息形成之日起二十个工作日内通过国家企业信用信息公示系统，将股东认缴和实缴的出资额、出资方式、出资日期，发起人认购的股份数，以及公司股东或者发起人的股权、股份变更等信息向社会公示。若公司未按照规定调整其出资期限、出资额，公司登记机关应当在国家企业信用信息公示系统上特别标注并向社会公示，加强社会监督。

笔者建议应根据上述文件的相关规定，把握国家的立法目的，相关存量公司的股东应及时按照公司法的相关规定通过股权转让、减资、解散等程序实现实缴出资义务或者合法合规地退出相应公司。顺应市场变化、平衡各种利益，也不失为一种务实的选择。

七、展望

注册资本认缴制度是一种市场准入制度，它涉及公司的设立成本、信用建设、债务清偿、股东责任等多个方面。注册资本认缴制度的优劣不是绝对的，而是相对的。它与一个国家或者地区的经济发展阶段、市场环境、社会文化等因素有着密切的联系。

　　本次新公司法对资本认缴制度的修订，是对经济社会发展的实际情况、认缴制运行十年来经验的综合总结，是认缴制度的再平衡，相信通过本次修订以及相应调整的司法解释，注册资本认缴制度会更加完善。相关修订将在促进我国市场经济发展，活跃资本市场的同时，更好地保证债权人的权益，促进社会主义市场经济更好、更快地发展。

第七章

股权、债权可用于出资

一、概述

股东出资作为公司资本充实的基础，不仅赋予了公司债务清偿能力，同时也对保障债权人信赖利益及交易安全具有重要意义。公司法（2018 年修订）对非货币财产出资的规定为"股东可以用货币出资，也可以用实物、知识产权、土地使用权等可以用货币估价并可以依法转让的非货币财产作价出资"。可见该规定仅将实物、知识产权、土地使用权等作为非货币财产的出资形式予以确认。

实践中除了用实物、知识产权、土地使用权对外进行投资，只要是可以用货币估价、可以依法转让、法律行政法规未禁止出资的财产，股东均可以用于对外投资，而用股权、债权作价出资在商事实践中更是经常发生。

为规范股东出资行为，解决实务中出现的涉及股权出资的新情况、新问题，《最高人民法院关于适用〈中华人民共和国公司法〉若干问题的规定（三）》第十一条对股权出资的条件作出了规定，并规定了不符合相应的出资条件的法律后果。

新公司法新增了股权、债权作为非货币财产的出资形式，即"股东可以用货币出资，也可以用实物、知识产权、土地使用权、股权、债权等可以用货币估价并可以依法转让的非货币财产作价出资"，在公司法层面正式将股权、债权作为典型的非货币财产作价出资形式。

二、股权作价出资

股权出资是指股东或者发起人以其持有的其他公司的股权作价出资，投资于新设立或者已存续公司的行为。股权出资包括作为公司发起人以其他公司的股权向新设立的公司进行出资的行为，也包括以其他公司的股权向已存续的公司进行增资的行为。股权出资虽是首次正式被纳入新公司法修订正文，但在此前最高人民法院的司法解释中，已经对股权出资的履行要求作出了较为具体的阐述。《最高人民法院关于适用〈中华人民共和国公司法〉若干问题的规定（三）》第十一条规定："出资人以其他公司股权出资，符合下列条件的，人民法院应当认定出资人已履行出资义务：（一）出资的股权由出资人合法持有并依法可以转让；（二）出资的股权无权利瑕疵或者权利负担；（三）出资人已履行关于股权转让的法定手续；（四）出资的股权已依法进行了价值评估。股权出资不符合前款第（一）、（二）、（三）项的规定，公司、其他股东或者公司债权人请求认定出资人未履行出资义务的，人民法院应当责令该出资人在指定的合理期间内采取补正措施，以符合上述条件；逾期未补正的，人民法院应当认定其未依法全面履行出资义务。股权出资不符合本条第一款第四项的规定，公司、其他股东或者公司债权人请求认定出资人未履行出资义务的，人民法院应当按照本规定第九条的规定处理。"

（一）股权出资的履行要求

新公司法中规定了股东可以用股权等可用货币估价并可以依法转让的非货币财产作价出资，关于股权出资的履行要求部分，可以参照《最高人民法院关于适用〈中华人民共和国公司法〉若干问题的规定（三）》第十一条第一款的规定。

1. 出资的股权由出资人合法持有并依法可以转让

出资的股权由出资人合法持有并依法可以转让，这句话涉及两个核心要素：合法持有与依法可以转让。

合法持有意味着出资人必须是该股权的合法所有者，其取得股权的方式、程序等都必须符合相关法律规定。这是股权转让的前提，只有合法持有的股权才能作为有效的出资标的。

依法可以转让则是指该股权在法律上是可以被转让的。这涉及股权的流通性与可交易性。公司法第一百六十条规定，"公司公开发行股份前已发行的股份，自公司股票在证券交易所上市交易之日起一年内不得转让。"对于股份公司而言，需要额外审查出资股权是否满足股票上市交易一年的期限。

2. 出资的股权无权利瑕疵或者权利负担

出资的股权无权利瑕疵或者权利负担，意味着该股权在出资时必须是完整、无争议且未受任何限制的。

无权利瑕疵：指出资的股权不存在任何法律上的争议或问题，如未被法院冻结、未涉及诉讼等。确保股权的"清洁性"，使得接受方能够顺利获得并行使相应的股东权利。

无权利负担：意味着该股权上未设定任何第三方权利，如质押、担保等。股权在转让时不会受到其他权利人的干涉，从而保证交易的顺利进行。

假设 A 持有 B 公司 5% 的股权，并计划将这部分股权出资给 C 公司。然而，在出资前，A 的这部分股权已被法院冻结，因其涉及一起未决的诉讼。在这种情况下，A 的股权就存在权利瑕疵，不能作为出资标的。另一情形是，如果 A 已将其股权质押给银行以获取贷款，那么这部分股权就存在权利负担，同样不能直接用于出资。

3. 出资人已履行关于股权转让的法定手续

出资人已履行关于股权转让的法定手续，意味着出资人在进行股权转让时，已经按照相关法律法规和公司章程的规定，完成了所有必要的程序和步骤。通常包括股东会决议、股权转让协议的签订、股权转让的登记与公告、相关税费的缴纳等。

假设 A 是 B 公司的股东，持有公司 20% 的股权。A 决定将其股权转让给 C。在这个过程中，A 需要确保已经完成了以下法定手续：首先，如果 B 公司的公司章程明确规定股权转让事项需要股东会决议，A 应确保已通过相关决议；其次，A 与 C

应签订股权转让协议，明确双方的权利和义务；最后，A 需要协助 C 完成股权转让的变更登记手续，确保 C 的股东身份得到法律认可。

4. 出资的股权已依法进行了价值评估

出资的股权已依法进行了价值评估，意味着该股权在作为出资标的之前，已经按照法律规定的程序和标准，对其价值进行了科学、公正的评估。新公司法第四十八条第二款规定，"对作为出资的非货币财产应当评估作价，核实财产，不得高估或者低估作价。法律、行政法规对评估作价有规定的，从其规定。"股权作为一种典型的非货币财产，若要以股权进行出资，必须对股权进行价值评估，才能使出资额具体化。

《最高人民法院关于适用〈中华人民共和国公司法〉若干问题的规定（三）》第九条，明确了非货币财产出资的评估作价原则。该条款规定，若出资人未能依法对非货币财产进行评估作价，当公司、其他股东或债权人质疑时，人民法院将指定具备合法资质的评估机构进行价值评估。若评估结果显著低于公司章程中规定的价值，则视为出资人未全面履行出资义务。

这里所指的"未依法评估作价"，不仅包含未经评估的情形，更涵盖了评估过程不合法的情况。在实践中，后者尤为常见。例如，尽管出资人已进行评估，但可能因评估机构资质不符、评估程序违规、方法失当或结果失真等问题，导致评估结果的不合法性。对于此类情形，同样适用第九条的规定。

一旦公司请求确认出资人的出资义务履行情况，人民法院将再次委托具备合法资质的评估机构进行评估。若评估结果低于章程所定价值，将判定出资人未全面履行义务。然而，需要明确的是，股权价值受市场波动等多种因素影响，存在贬值风险。当股权权属转移至公司后，这一风险即由公司自行承担。因此，在对股权进行评估时应以出资交付的时间点为准。若交付时价值与章程所定价值相近，而后因市场环境变化导致贬值，这应视为公司正常经营所承担的风险，除非另有约定，出资人无须为此负责。

（二）典型案例裁判要旨

【案例 7-1】

股东在增资过程中以股权进行出资，但缺乏同意股权出资的股东会决议与股权评估报告，无法认定其履行了出资义务。【（2021）湘 01 民终 7086 号】

【案情概要】海某公司自 2010 年至 2015 年间在湘某汽修厂维修机动车，但拖欠了修理费。湘某汽修厂启动诉讼程序，一审法院于 2019 年判决海某公司支付修理费 55 万余元。然而，在执行过程中，因海某公司无可供执行的财产，执行程序被终结。进一步调查发现，海某公司自成立起经历了多次股权变更和增资。特别在 2016 年，公司注册资本由 500 万元大幅增至 3066 万元，众多新老股东认缴了新增出资。其中，部分新增股东通过转账方式支付了增资认股款，而部分原股东（方某、方某某、陈某某、邝某某）将在另一公司（属海某公司）持有的股权，于 2016 年 6 月以 0 元对价转让给了海某公司。

海某公司在向工商行政部门申请增资扩股变更登记时，提交的《湖南海某新材实业有限公司股东会决议》中，明确记载了股东认缴出资的期限为 2016 年 8 月 21 日，出资方式为货币出资。

方某等人在一审诉讼中提供了一系列文件，包括《会议纪要》《评估报告》和《清产核资专项审计报告》，试图证明他们计划以持有的海某公司股权作为对海某公司的新增出资。然而，这些文件均未直接表明海某公司股东会已决议同意该出资方式，也未包含对海某公司股权价值的评估报告。

法院认为，方某等人未能提供海某公司的股东会决议或其持有的海某公司股权的评估报告证明海某公司股东会已同意其以持有的海某公司股权作为新增出资，并且方某等未履行相应的股权评估程序。同时，方某等人也未能证明他们已按照工商行政部门登记的货币出资方式履行了出资义务。因此，法院判定方某等人应就新增出资部分在未出资本息范围内对海某公司的对外债务承担补充赔偿责任。

【争议焦点】方某作为海某公司的股东，在海某公司于 2016 年 7 月 15 日增资扩股时是否履行了相应的出资义务。

【判决结果】驳回方某的上诉，维持原判。

【案情分析】法院判定方某等人承担补充赔偿责任的原因主要有两点：一是其未能提供海某公司股东会决议或股权评估报告，未履行股权评估程序；二是其未能证明自己已按货币出资方式履行出资义务。

首先，关于第一点，方某未能对股权履行评估程序，因此法院有理由怀疑其出资行为的合法性。根据《最高人民法院关于适用〈中华人民共和国公司法〉若干问题的规定（三）》第九条的规定，对于非货币出资，应依法评估作价，对于评估价低于公司章程所定价额的，人民法院应当认定出资人未全面履行出资义务。因工商登记中记载的出资方式为货币出资，具有公示性，所以法院未再要求方某进行股权评估。

其次，关于第二点，公司法规定，股东应当按期足额缴纳公司章程中规定的各自所认缴的出资额。在此案例中，方某未能证明其已按照工商行政部门登记的货币出资方式履行了出资义务。因此，法院判定在未出资本息范围内对海某公司的对外债务承担补充赔偿责任。

【案例 7-2】

股权评估报告出具时间晚于股权变更登记时间，但二者均在认缴出资期限内，应认定履行了股权出资义务。【（2021）陕民申1747 号】

【案情概要】姜某某与昌某公司、宝某公司之间因民间借贷纠纷进入强制执行阶段。在执行过程中，姜某某基于某荣公司、某资公司作为被执行人的股东存在出资不实的情况，申请追加二者为被执行人。法院于 2021 年 3 月 25 日作出（2020）陕 0303 执异 17 号执行裁定书，裁定驳回了姜某某的申请。法院认为，某资公司在成立宝某公司时出资充足，无须对宝某公司的债务承担责任；同时，某荣公司并非被执行人昌某公司和宝某公司的股东。姜某某对此裁定不服，遂提起执行异议之诉。

经查，宝某公司注册资本为 3000 万元，出资形式为股权出资，并规定在 2017 年 7 月 31 日前完成出资。某资公司作为宝某公司的股东，在 2016 年 3 月将其持有的某州公司、昌某公司、某荣公司的 100% 股权变更登记至宝某公司名下。经过评估，这三家公司的股权总价达到了 4610.52 万元，超过了宝某公司的注册资本。

此外，2020 年 1 月 3 日，某州公司作出股东会决议，同意将宝某公司持有的某州公司的 100% 股权以 1520 万元的价格转让给某资公司。基于以上事实，法院最终认定某资公司不存在出资不实的情况，且某荣公司与本案无关，因此驳回了原告追加被执行人的请求。

【争议焦点】某资公司是否履行了对宝某公司的股东出资义务

【判决结果】驳回姜某某的再审请求。

【案情分析】关于某资公司的出资情况，法院根据宝某公司的章程和法院的审理查明，某资公司是以其持有的某州公司、昌某公司及某荣公司的股权作为对宝某公司的出资。在出资过程中，某资公司按照公司章程的规定，将持有的股权变更登记到宝某公司名下，并在出资期限届满前取得了评估公司的股权评估报告，且评估价值高于认缴的出资额。

因此，法院认定某资公司在出资期限届满前已经履行了出资义务，其行为是合法且合理的。对于再审申请人提出的股权评估报告出具时间晚于股权变更登记时间，不应认定已履行出资义务的理由，法院也给出了明确的解释和驳回。本案体现了法院对案件事实的深入审查和对法律规定的准确适用。

三、债权作价出资

新公司法正式将债权出资方式纳入基本法律规定，这标志着债权出资在法律层面得到了明确的认可。在此之前，关于是否允许以债权作为出资方式，我国法律并未给出明确的规定，导致在理论与实践中均存在较大的争议和分歧。然而，经过长期的商业实践和市场验证，一些特殊形式的债权逐步被商事活动所接纳，被视为有效的出资财产。

具体而言，国债、企业债券以及如道路、桥梁收费权、特许经营收费权等具有良好信用记录的债权，在出资方式中得到了广泛的认可。这些债权具有稳定的收益预期和较低的违约风险，能够为公司提供可靠的资金支持，同时也保障了出资方的利益。

特别值得一提的是，以对目标公司本身享有的债权进行出资的方式，即我们常说的"债转股"，在实践中也被广泛认可，尤其是在公司重整程序中，债转股已成为一种常见的出资方式。

（一）常见问题

1. 出资债权虚假

虚假债权，是指股东对公司的债权不真实、不合法、不合理，且该债权的形成可能与其他股东或公司债权人存在恶意串通的情形。具体而言，虚假债权可以包括以下几类：一是无偿或者明显低价转让债权；二是明显超出合理价格进行收购；三是放弃债权或者恶意延长到期债权的履行期限；四是债务人破产，导致没有财产可供执行；五是债务人下落不明，且无财产可供执行；六是法院已受理债务人破产案件，并发布公告。虚假债权出资可能损害债权人利益，故应认定为无效，即使公司将虚假债权出资的股东列入股东名册，也不能对抗公司的债权人。

2.债务人没有清偿能力

当股东以债权出资时，公司实际上获得的是对债务人的请求权，而非直接的资产。如果债务人的清偿能力不足，公司将面临无法回收债权，进而造成资本损失的风险。新公司法明确规定了股东应当按期足额缴纳出资。在以债权出资时，股东应确保其出资的债权是真实、合法且可实现的。如果因债务人清偿能力不足导致债权无法实现，股东可能需要承担出资不实的责任。

（二）典型案例裁判要旨

【案例7-3】

公司章程规定股东只能以货币出资，但股东以债权出资的，不能证明其已足额出资。【（2023）渝05民终10225号】

【案情概要】实丰公司与某尼斯特公司之间因买卖合同产生纠纷，法院经审理，于2021年12月27日作出判决，要求某尼斯特公司在规定期限内支付实丰公司货款24万元及相应的资金占用损失。然而，由于某尼斯特公司未能如期履行该判决，实丰公司遂申请强制执行。在执行过程中，由于未能发现某尼斯特公司有可供执行的财产，法院于 2022 年 7 月 25 日裁定终结本次执行程序。

经查，某尼斯特公司是一家成立于 2014 年的有限责任公司，注册资本为 3000 万元。在诉讼期间，公司股东经过多次变更，最终由某致公司和周某某分别持有 90% 和 10% 的股份。值得注意的是，这两名股东在工商档案中显示的出资（认缴）时间均为 2016 年 6 月 30 日，但实缴出资栏均为空白，这表明他们可能尚未实际出资。

为查明前股东是否足额出资，实丰公司提交了北京某煜城会计师事务所出具的验资报告和审计报告。验资报告显示，截至 2020 年 1 月 30 日，某尼斯特公司已收到股东缴纳及债权转实收资本的投资款共计 3032.04 万元，超过其注册资本。审计报告则显示，在审计基准日 2020 年 1 月，公司的前股东已将其持有的债权转为实收资本，总额达到 2198.5 万元。这些证据表明，在原告受让股份之前，前股东已经足额出资，不存在出资不实的情况。

周某某针对一审判决提出上诉，认为上诉人取得股权系通过支付股权对价合法取得。根据相关规定，市场监督管理部门并无公示实缴出资的强制性义务，某尼斯特公司实缴出资的义务在企业，上诉人根据某尼斯特公司工商登记的企业公示 2017 年年报，推定行政机关公布的数据应为真实的，故可以确认之前的股东已经实缴出资。因对某尼斯特公司等一般有限责任公司一律实行认缴登记制，不再登记实缴资本，故实缴栏空白不是判断上诉人是否已经实缴出资的主要依据，也不是判决上诉人是否应承担未缴纳出资范围内补充赔偿责任的依据。一审认定事实不清，上诉人对某尼斯特公司原股东出资未全面履行即转让股权的事实毫不知情，故不应承担责任。

【裁判结果】驳回上诉，维持原判。

【案情分析】关于某尼斯特公司的股东出资情况，周某某于 2023 年 3 月在（2022）渝 0107 执异 405 号执行裁定书裁定其被追加为被执行人后提交的北京某煜城会计师事务所出具的验资报告和审计报告，本身证明力较弱，该审计报告将案外人别某某、某排（重庆）新能源汽车零部件制造有限公司、某县内燃机进排气管有限责任公司、姜某、姜某某、吴某某与某尼斯特公司之间的款项往来，均认定为程某某（一）、程某某（二）、程某、程某某（三）、方某某、董某、冀某某持有的某尼斯特公司的债权，将全体股东通过债权产生的实收资本认定为投资款，而程某某（一）、程某某（二）、程某、程某某（三）、方某某、董某、冀某某是否持有某尼斯特公司 2198.5 万元的债权一事仍存疑。

根据公司资本三原则，法定资本与实缴资本应保持一致。章程规定股东应以货币出资的，股东在以对公司的债权出资时，不应免除自己对原认缴资本的出资义务，否则将导致公司注册资本的实质性减少，违反公司法定资本制的原则，损害其他债权人的利益。公司资产与股东出资形成的公司资产并不等同，公司资产的来源可以是公司资本及资本收益等。若将股东在后续经营中投入公司的资金一概认定为补足出资，将会混淆投入资金与注册资本的区别，违反股东按期足额缴纳出资的要求，难以保障公司及其债权人的利益。周某某在无股东出资凭证和当时公司验资报告等证据佐证的情况下，仅凭该验资报告和审计报告，是不能证明某尼斯特公司股东已经足额履行了出资义务的。况且，如果转让股东已足额缴纳出资，则其在转让相应股权与周某某时，就不应再确定周某某还要认缴出资300万元。周某某因无证据证明其也已足额出资，故依法应当被追加为被执行人并承担相应责任。

【案例7-4】

债权抵消出资义务，不能以该债权认定为对公司的出资。
【（2023）苏02民终198号】

【案情概要】2020年8月24日，江阴市人民法院就东某公司诉某生辉公司的两起合同纠纷案件作出判决。第一起案件涉及买卖合同纠纷，法院判决某生辉公司支付东某公司货款165 855.5元及违约金49 756.65元。第二起案件涉及加工合同纠纷，法院判决某生辉公司赔偿东某公司损失687 832.75元及返还多付款项1 831 810.14元。两起案件均规定，若某生辉公司未按时履行义务，须加倍支付迟延履行期间的债务利息。

某生辉公司提起上诉，但因未按时交纳诉讼费，两起上诉均被视为自动撤回。东某公司随后申请强制执行，法院于2021年1月14日立案受理。执行过程中，法院仅扣划某生辉公司银行存款1300元，因未发现其他可供执行的财产，两起案件的执行程序于2021年6月3日和4日终结。

某生辉公司是某阳光电（上海）有限公司（某阳公司）的债权人，债权金额为1 348 702.96元。某阳公司破产后，某生辉公司可分配的债权金额为 97 761.02 元，该款项已支付至江阴市人民法院。东某公司申请将这笔款项从某生辉公司应支付的 2 735 255.04 元中扣除。

某生辉公司成立于 2015 年 6 月 5 日，法定代表人为董某。公司经历了多次股权变更和注册资本变更。2020 年 9 月，沈某某将其持有的 32.5% 股权以 0 元价格转让给薛某某，并约定由薛某某于 2045 年 12 月 31 日前缴足未缴付的出资 162.5 万元。

2020 年 1 月 9 日，徐州市铜山区人民法院判决某生辉公司犯虚开增值税专用发票罪，判处罚金 19 万元。董某代表公司退缴税款 33 万元，并支付罚金 7 万元；沈某某代表公司退缴税款 550 515.73 元，并支付罚金 12 万元。

股东对出资情况有不同主张。董某主张已实际出资 83.5 万元，扣除代缴税款和罚金后，其余部分的出资和延长出资期限的情况有相关证据支持。

沈某某上诉认为，一审法院对于"沈某某代公司缴纳税款及罚金，虽为股东对公司的债权，但不具有优先性、不与出资义务相抵销"的认定是错误的。首先，沈某某代某生辉公司缴纳的税款及罚金本质上是公司对税务部门及法院的债务，根据企业破产法第一百一十三条，公司欠缴的税款优于东某公司的普通债权。沈某某代缴的税款及罚金不代表股东对公司的普通债权，而代表其在履行出资义务。其次，沈某某代缴公司所欠的税款及罚金的根本原因是其要履行股东的出资义务，与一审法院判决由沈某某承担责任的法律依据相同。沈某某认为，一审法院既然判决由沈某某承担责任，就应当扣除沈某某已经缴纳的税款及罚金部分的份额，否则对沈某某极其不公平。一审法院不应当以是否起诉至法院为由要求沈某某承担出资责任，并以此判断沈某某所出款项为出资款，这是没有法律依据的，也是不符合逻辑的，该种做法将导致其他债权人起诉至法院，要求沈某某承担出资责任，法院每次都判决沈某某在162.5万元的范围内承担连带责任，然后让沈某某将此作为对公司的债权，等到所承担的比例超过注册资本了，再像其他债权人一样去起诉公司、追讨。如果这样，不仅会损伤股东的权利，也是在浪费司法资源。最后，根据司法解释，公司债权人请求未履行或者未全面履行出资义务的股东在未出资本息范围内对公司债务不能清偿的部分承担补充赔偿责任的，人民法院应予支持；未履行或者未全面履行出资义务的股东已经承担上述责任，其他债权人提出相同请求的，人民法院不予支持。一审法院不应当在沈某某已缴纳的税款及罚金范围内继续让沈某某承担出资义务。沈某某缴纳的税款及罚金就是其在未出资范围内对公司债务承担的补充责任。

【裁判结果】驳回上诉，维持原判。

【案情分析】沈某某替某生辉公司缴纳的税款和罚金等无法视为其对于某生辉公司的出资。根据新公司法的规定，股东应当按期足额缴纳公司章程中规定的各自所认缴的出资额，以货币出资的，应当将货币出资足额存入有限责任公司在银行开设的账户；以非货币出资的，应当依法办理其财产权的转移手续。据此，股东出资义务的履行需要经过相应的程序，是一种要式法律行为。本案中，沈某某以代某生辉公司清偿债务的方式取得对于某生辉公司的债权，虽然其主张以该债权出资，但是，此举一是与其认缴时在工商备案登记的以现金出资的方式不符；二是第三人因信任公司而登记认缴资本、认缴期限和实缴资本等信息与公司进行交易，根据公示公信原则，此种信任应得到保护，即便沈某某与其他股东形成以债权出资的内部合意，但是在未有证据证明其已经就该债权出资进行变更登记的情况下，不得以股东的债权抵销其出资义务；三是股东的出资义务系法定之债，该债区别于普通之债，不可被随意抵销。若法院允许股东可随意通过代偿公司债务以抵销出资义务，即等同于允许在公司资不抵债且濒临破产的情况下，让股东对公司的债权得到优先清偿，这样做会影响其他债权人的利益，有失公平。因此，就沈某某提出的其替某生辉公司清偿债务就是在履行出资义务的主张，法院未予采信。

四、展望

新公司法新增了以股权、债权作为非货币财产的出资形式，此举一方面是为了规范投资人用股权、债权作价出资的行为；另一方面，也增加了投资人投资创业的形式，能更好地促进社会经济发展。对于投资人来说，该规定能够更好地保证投资人的权益，为投资和创业提供了更多的出资方式。在用股权、债权等非货币财产作价时，企业应按照法律规定准备相应的批准、价值评估、登记备案等手续，并评估相关税务成本，依法纳税，回避相关风险。

第八章

公司解除股东资格的法定条件

公司解除股东资格的新旧法对比表如表 8-1 所示。

表 8-1　公司解除股东资格的新旧法对比表

《最高人民法院关于适用〈中华人民共和国公司法〉若干问题的规定（三）》	新公司法
第十七条　有限责任公司的股东未履行出资义务或者抽逃全部出资，经公司催告缴纳或者返还，其在合理期间内仍未缴纳或者返还出资，公司以股东会决议解除该股东的股东资格，该股东请求确认该解除行为无效的，人民法院不予支持 在前款规定的情形下，人民法院在判决时应当释明，公司应当及时办理法定减资程序或者由其他股东或者第三人缴纳相应的出资。在办理法定减资程序或者其他股东或者第三人缴纳相应的出资之前，公司债权人依照本规定第十三条或者第十四条请求相关当事人承担相应责任的，人民法院应予支持	第五十二条　股东未按照公司章程规定的出资日期缴纳出资，公司依照前条第一款规定发出书面催缴书催缴出资的，可以载明缴纳出资的宽限期；宽限期自公司发出催缴书之日起，不得少于六十日。宽限期届满，股东仍未履行出资义务的，公司经董事会决议可以向该股东发出失权通知，通知应当以书面形式发出。自通知发出之日起，该股东丧失其未缴纳出资的股权 依照前款规定丧失的股权应当依法转让，或者相应减少注册资本并注销该股权；六个月内未转让或者注销的，由公司其他股东按照其出资比例足额缴纳相应出资 股东对失权有异议的，应当自接到失权通知之日起三十日内，向人民法院提起诉讼

一、概述

公司解除股东资格的法定条件，顾名思义，就是在法律规定的条件成立时，公司可以按照法定程序解除其股东的股东资格。于 2011 年颁布实施、经 2014 年和 2020 年修订的《最高人民法院关于适用〈中华人民共和国公司法〉若干问题的规定（三）》的第十七条确立了解除股东资格的请求权基础，即规定未履行出资义务或抽逃全部出资的股东，在一定条件下可以被公司以股东会决议的形式解除股东资格。新公司法第五十二条确立了解除股东资格的失权制度，规定股东未按期履行出资义务，经公司催缴仍未履行的，经公司通知，该股东即丧失其未缴纳出资部分的股权。

二、解除股东资格的立法沿革

1988 年 3 月 1 日起实施的《中外合资经营企业合营各方出资的若干规定》（目前已失效）的第七条规定，中外合资企业的合营一方未如期缴付或者缴清其出资的，经催告后仍未缴付或者缴清的，视同该方放弃在合营合同中的一切权利，自动退出合营企业，且该规定适用部分出资、部分未出资情形。

1997 年 8 月 1 日起实施的《中华人民共和国合伙企业法》（以下简称合伙企业法）第五十条（后合伙企业法经修订，改为第四十九条），对一定情形下的合伙人除名进行了专门规定，其除名事由不仅包括未履行出资义务，还有其他情形（比如因故意或者重大过失给合伙企业造成损失）。

最高人民法院在（2017）最高法民申1010号中对于某昌公司对温某某、吕某某进行股东除名的决议能否认定的问题是这么认为的：公司法（2018年修订）第四十三条规定，"股东会的议事方式和表决程序，除本法有规定的外，由公司章程规定。股东会会议作出修改公司章程、增加或者减少注册资本的决议，以及公司合并、分立、解散或者变更公司形成的决议，必须经代表三分之二以上表决权的股东通过。"某昌公司的公司章程未规定关于除名股东的职权和程序，公司法（2018年修订）对公司股东除名程序亦没有明确规定，参照合伙企业法第四十九条第二款，"对合伙人的除名决议应当书面通知被除名人"，该观点为股东除名处理流程可参照合伙企业法中针对除名的流程规定进行实操提供了支撑。

《最高人民法院关于适用〈中华人民共和国公司法〉若干问题的规定（三）》第十七条规定，"有限责任公司的股东未履行出资义务或者抽逃全部出资，经公司催告缴纳或者返还，其在合理期间内仍未缴纳或者返还出资，公司以股东会决议解除该股东的股东资格，该股东请求确认该解除行为无效的，人民法院不予支持"。该规定对于有限公司股东的除名正式进行了明确。

新公司法第五十一条、五十二条明确了公司股东出资的核查和催缴主体、通知的形式、宽限期的时长限制、丧失股权的处置、失权股东异议程序等方面的规定。

三、新公司法关于解除股东资格的修订背景

《最高人民法院关于适用〈中华人民共和国公司法〉若干问题的规定（三）》第十七条虽然规定了解除股东资格的除名制度，但并未明确公司能否解除瑕疵出资股东的资格，也未对其中具体的程序要件（比如催告主体、合理期限的具体时间长度、决议表决比例、被解除股东资格的股东是否需要回避等问题）作出规定，导致司法实践中特别容易出现同案不同判的情况。以下两个案例对于公司能否解除瑕疵出资股东的股东资格的裁判完全相反。

【案例 8-1】

尹某某诉王某股东资格确认纠纷再审案[①]**【（2016）最高法民申 237 号】**

【案情介绍】某泰公司原为日照某泰房地产开发有限公司，2003 年 1 月 20 日，某泰公司成立。某泰公司原登记股东为新疆某泰公司（出资 510 万元，持股 51%）、杨某某（出资 119.65 万元，持股 11.956%）、颜某某（出资 119.65 万元，持股 11.956%）、吴某某（出资 100 万元，持股 10%）、尹某某（出资 150.7 万元，持股 15.07%）。

2004 年 5 月 23 日，新疆某泰公司、杨某某、吴某某与王某某签订股权转让协议，颜某某与徐某某签订股权转让协议，

---

① （2015）鲁商终字第 210 号民事判决书、（2016）最高法民申 237 号民事裁定书。

上述协议中王某某、徐某某的签名均为尹某某所签。同日，变更后的公司股东尹某某、王某某、徐某某、王某召开股东会，决议将注册资本由 1000 万元变更为 3190 万元，其中尹某某出资由 150.7 万元增至 1450.7 万元，持股比例为 45.48%……2004 年 5 月 27 日，尹某某向某泰公司账户转入增资款 1300 万元，该笔增资款在公司验资后即被尹某某转出。

2010 年 10 月 13 日，某泰公司监事王某召集股东会，股东王某、王某某、徐某某出席，尹某某未参加。经日照市某公证处现场公证的股东会决议内容为：选举王某为某泰公司执行董事兼任经理，同时为公司法定代表人，选举王某某为公司监事，并更换公司印鉴。该次股东会会议记录中还有要求尹某某在 2010 年 10 月 18 日前补足欠缴的增资款等内容。

2011 年 10 月 28 日，某泰公司在《大众日报》上刊登于 11 月 29 日召开股东会的公告。2011 年 11 月 29 日，某泰公司召开股东会，股东王某、王某某、徐某某出席，尹某某未参加。股东会作出决议：一、关于尹某某名下 150.7 万元出资额确权的问题，建议通过股权转让或法院确权方式明确该部分出资额的归属，在归属明确的情况下，公司其他股东同意王某某直接持有该部分股权，并协助办理股权登记和变更手续。二、关于欠缴 1300 万元的问题，由王某和徐某某分别履行该 650 万元欠缴出资的认缴义务，并享有相应权利……公司应于王某和徐某某履行出资义务后 3 日内，完成该笔出资的验资手续，将该出资额及对应的股权记载于王某和徐某某名下，并办理工商登记变更手续。2013 年 5 月 20 日和 21 日，徐某某、王某各向某泰公司转入 650 万元，共计 1300 万元。徐某某、王某向人民法院提起诉讼，请求判令某泰公司就徐某某、王某各自支付的650万元人民币出资款签发出资证明，并将该出资额及对应股权记载于公司股东名册；判令某泰公司根据股权及股东变更情况修改公司章程，并在公司登记机关办理变更登记手续，尹某某系本案第三人。

【裁判结果】山东省日照市中级人民法院经审理，一审判决：一、某泰公司就徐某某、王某各自支付的650万元人民币出资款签发出资证明，并将该出资额及对应股权记载于公司股东名册；二、某泰公司根据股权及股东变更情况修改公司章程，并在公司登记机关办理变更登记手续。驳回徐某某、王某的其他诉讼请求。

本案一审判决后，尹某某上诉至山东省高级人民法院，经审理，二审法院判决：驳回上诉，维持原判。后尹某某又向最高人民法院申请再审，经审理，最高人民法院裁定：驳回尹某某的再审申请。

本案焦点之一为关于尹某某抽逃1300万元增资款的认定问题。根据原审查明的事实，2004年5月28日，某泰公司出具的00339252号转账支票可以证明，1300万元增资款在验资后即被转出，在该转账支票出具期间，尹某某为某泰公司的法定代表人、执行董事和经理，当事人对该款项转出无合理解释，尹某某抽逃出资的事实是存在的，原审法院认定增资款被抽逃的判定并无不当。尹某某并没有足够的证据推翻原审认定，其关于未抽逃出资的主张缺乏事实依据，故法院未支持尹某某的再审请求。

🔨 【案例 8-2】

陕西博某体育文化传播有限公司与陈某、任某某请求变更公司登记纠纷案【陕西省高级人民法院（2020）陕民申 1814 号】

【案情介绍】2015 年 3 月 4 日，陈某代表陕西博某体育文化传播有限公司（以下简称博某公司）与陕西某产业集团某传媒有限公司签订土地租赁合同。2015 年 6 月 24 日，陈某与任某某作为股东注册成立博某公司，注册资本金为 500 万元。公司章程规定：任某某占 51% 的公司股份，陈某占 49% 的公司股份，任某某以公司执行董事、总经理身份任公司法定代表人。2017 年 10 月，该公司工商信息显示：陈某与任某某于 2017 年 10 月 8 日签订《股权转让协议》，陈某将其持有的博某公司股权转让给任某某。同日，博某公司形成《股东会决议》，对以上股权转让行为予以确认。后因陈某称对此并不知情，并对股东会决议中陈某之签名不予认可。陈某提起诉讼，要求确认其博某公司股东资格。一审法院于 2018 年 11 月 6 日作出（2018）陕 0113 民初 15 号民事判决书，确认陈某系博某公司股东。博某公司提起上诉，法院作出（2019）陕 01 民终 572 号民事判决书，维持原判。2019 年 5 月 5 日，本案博某公司向陈某发出催缴出资函，称陈某出资到位时间应为 2015 年 6 月 1 日，要求陈某收函后尽快缴纳认缴出资 245 万元，该份函件陈某称未收到。博某公司提供的查询单显示：本人收。2019 年 5 月 21 日，博某公司向陈某发出股东会议通知，要求陈某于 2019 年 6 月 6 日上午 10 时出席股东会，并将此邮寄送达股东会议通知的行为经陕西省西安市汉唐公证处予以公证，后陈某未到会。博某公司又将 2019

年 6 月 6 日的《股东会决议》（内容为：1.解除股东陈某的股东资格，由股东任某某补缴陈某应出资部分；2.公司性质变更为一人有限责任公司，任某某持有 100% 的股权，陈某应依法协助公司在工商行政管理机关办理股东、股权变更登记。）经公证邮寄送达陈某。2019 年 6 月 6 日，博某公司再次向陈某邮寄送达《解除股东资格通知》）。原告起诉称其已依法通过股东会议解除其股东资格，属公司法人依法行使权利，股东会决议已经生效，现被告仍然拒绝前往工商行政管理机关配合办理股东、股权变更登记手续，故诉至法院，请求：1.判令被告陈某配合原告按照 2019 年 6 月 6 日的《股东会决议》，在工商行政管理机关办理股东、股权变更登记；2.判令被告承担本案诉讼费。

【裁判结果】西安市雁塔区人民法院经审理，一审判决：驳回原告陕西博某体育文化传播有限公司的诉讼请求。

本案一审判决后，博某公司上诉至陕西省西安市中级人民法院，经审理，二审判决：驳回上诉，维持原判。后博某公司又向陕西省高级人民法院申请再审，经审理，陕西省高级人民法院裁定：驳回陕西博某体育文化传播有限公司的再审申请。

本案中，陕西省高级人民法院在认定陈某对博某公司是否进行出资时，认为：《最高人民法院关于适用〈中华人民共和国公司法〉若干问题的规定（三）》第十七条第一款规定适用的前提条件是，有限公司的股东未履行出资义务或者抽逃全部出资。根据双方提交的证据并结合本案事实，可以判断陈某完成了部分出资。原审法院认定陈某已经履行了部分出资义务，在陈某已经履行了部分出资义务后，博某公司以其未出资为由解除股东资格的股东会决议属于无效决议。

四、新公司法关于解除股东资格的规定

新公司法第五十一条规定："有限责任公司成立后，董事会应当对股东的出资情况进行核查，发现股东未按期足额缴纳公司章程规定的出资的，应当由公司向该股东发出书面催缴书，催缴出资。未及时履行前款规定的义务，给公司造成损失的，负有责任的董事应当承担赔偿责任。"第五十二条规定："股东未按照公司章程规定的出资日期缴纳出资，公司依照前条第一款规定发出书面催缴书催缴出资的，可以载明缴纳出资的宽限期；宽限期自公司发出催缴书之日起，不得少于六十日。宽限期届满，股东仍未履行出资义务的，公司经董事会决议可以向该股东发出失权通知，通知应当以书面形式发出。自通知发出之日起，该股东丧失其未缴纳出资的股权。依照前款规定丧失的股权应当依法转让，或者相应减少注册资本并注销该股权；六个月内未转让或者注销的，由公司其他股东按照其出资比例足额缴纳相应出资。股东对失权有异议的，应当自接到失权通知之日起三十日内，向人民法院提起诉讼。"

根据上述规定，股东失权制度的适用前提是股东未按照公司章程规定的出资日期缴纳出资，具体包括以下步骤：一是董事会核查，公司书面催缴；二是董事会作出失权决议；三是公司发出书面的失权通知；四是丧失的股权依法转让或减资注销（六个月内未转让或者注销的，由公司其他股东按照其出资比例足额缴纳相应出资）。但法条没有明确规定抽逃出资和出资不实的情形是否能够适用股东失权制度，在实践中，法院还需要具体案件具体分析，保证司法自由裁量权的合理运用。

五、司法案例

【案例 8-3】

辜某与某科英泰公司公司决议效力确认纠纷案【（2015）三中民（商）终字第 10163 号】

（一）案件事实

某科英泰公司系 2010 年 6 月 23 日注册成立的有限责任公司，注册资本为 20 万元。根据某科英泰公司 2010 年 6 月 4 日的章程记载，辜某认缴出资 12 万元，设立时实缴出资 2.4 万元，应于 2012 年 6 月 3 日前分期缴付 9.6 万元；赵某某认缴出资 8 万元，设立时实缴出资 1.6 万元，应于 2012 年 6 月 3 日前分期缴付出资 6.4 万元。2010 年 6 月 4 日，某科英泰公司收到辜某和赵某某首期缴纳的注册资本。一审庭审中，辜某提交了一份中国民生银行的转账凭证，拟证明赵某某在 2010 年 11 月 18 日通过向其实际控制的某恩创科（北京）国际商贸有限公司（以下简称某恩创科公司）转账 4 万元的方式抽逃出资。该转账凭证记载的汇款人为某科英泰公司，收款人为某恩创科公司，金额为 4 万元，摘要为"其他借款"。赵某某否认该笔汇款为抽逃出资，其认为某恩创科公司与某科英泰公司存在多笔经济往来，并且该汇款凭证的摘要也显示系企业间正常的资金拆借，不能认定赵某某存在抽逃资金的行为。另，某科英泰公司曾于 2014 年 3 月 21 日和 2014 年 4 月 10 日通过中国邮政特快专递，书面要求赵某某返还抽逃的出资并履行第二期出资义务，并于 2014 年 4 月 22 日和 2014 年 4 月 29 日，向赵某某发送了召开股东会的通知函。赵某某均未签收上述邮件，邮件退回原因为"拒收"或"多次投递无人"，赵某某在庭审中亦否认接到邮局寄送邮件的通知。2014 年 5 月 8 日，某科英泰公司股东会会议作出《北京某科英泰工程咨询有限公司股东会决议》，该次股东会会议由辜某主持，应到股东 2 人，实到股东 1 人。决议中以赵某某抽逃出资和经多次催告仍不缴纳第二期出资为由，形成如下决议：解除赵某某先生的股东资格。在该决议落款处，仅有辜某的签字，没有赵某某的签字。为处理赵某某股东资格解除后的相关事宜，辜某诉至一审法院，要求确认某科英泰公司于 2014 年 5 月 8 日作出的股东会决议有效。

（二）案件评析

《最高人民法院关于适用〈中华人民共和国公司法〉若干问题的规定（三）》第十七条第一款规定，"有限责任公司的股东未履行出资义务或者抽逃全部出资，经公司催告缴纳或者返还，其在合理期间内仍未缴纳或者返还出资，公司以股东会决议解除该股东的股东资格，该股东请求确认该解除行为无效的，人民法院不予支持"。根据上述条款，公司以股东会决议解除未履行出资义务或者抽逃出资股东的股东资格，应当符合下列条件和程序：首先，解除股东资格这种严厉的措施只应用于严重违反出资义务的情形，即未出资和抽逃全部出资，未完全履行出资义务和抽逃部分出资不应包括在内。其次，公司在对未履行出资义务或者抽逃全部出资的股东除名前，应给该股东补正的机会，即应当催告该股东在合理期间内缴纳或者返还出资。最后，解除未履行出资义务或者抽逃全部出资股东的股东资格，应当依法召开股东会，作出股东会决议，如果章程没有特别规定，经代表 1/2 以上表决权的股东通过即可。具体到本案而言：第一，根据某科英泰公司的验资报告及各方当事人陈述，赵某某在公司设立时实际出资 1.6 万元，其已经履行了部分出资义务，故不应当认定赵某某完全未履行出资义务；第二，如前所述，辜某的现有证据不足以证明赵某某抽逃了全部出资。因此，某科英泰公司于 2014 年 5 月 8 日作出的股东会决议并未满足公司可以解除赵某某股东资格的前提条件，辜某主张的"涉案股东会决议有效"于法无据，法院未支持其诉讼请求。

（三）新公司法施行后对同类案件裁判结果可能产生的影响

新公司法规定的股东失权制度的适用前提是股东未按照公司章程规定的出资日期缴纳出资，即只要股东未在规定日期缴纳出资，无论是全部未缴纳还是部分未缴纳，均属于未按期出资的情形。本案被告未按约缴纳剩余出资，属于股东未按照公司章程规定的出资日期缴纳出资，法院将按照新公司法的规定，确认"公司董事会是否核查，公司是否发送宽限期不得少于六十日（自催缴书发出之日起计算）的催缴书，董事会是否作出失权决议，公司是否向被告发出书面的失权通知"等事宜，从而判断被告是否丧失其未缴纳出资的股权。

六、应对措施

根据新公司法对于股东失权制度的全新规定，公司应当采取何种应对措施呢？

（一）进行股东出资催缴

新公司法第五十一条规定："有限责任公司成立后，董事会应当对股东的出资情况进行核查，发现股东未按期足额缴纳公司章程规定的出资的，应当由公司向该股东发出书面催缴书，催缴出资。未及时履行前款规定的义务，给公司造成损失的，负有责任的董事应当承担赔偿责任。"

根据该条规定，如果股东没有按期足额缴纳公司章程规定的出资的，公司有义务向该股东发出书面催缴书，催缴股东履行出资义务，并保留相应的催缴凭证，如快递记录、短信记录等。否则，负有责任的董事应当承担赔偿责任。

（二）发出股东失权通知

新公司法第五十二条第一款规定："股东未按照公司章程规定的出资日期缴纳出资，公司依照前条第一款规定发出书面催缴书催缴出资的，可以载明缴纳出资的宽限期；宽限期自公司发出催缴书之日起，不得少于六十日。宽限期届满之后，股东仍未履行出资义务的，公司经董事会决议可以向该股东发出失权通知，通知应当以书面形式发出。自通知发出之日起，该股东丧失其未缴纳出资的股权。"

根据该条规定，若股东未按期足额缴纳公司章程规定的出资的，公司有义务向该股东发出书面催缴书，催缴其出资。催缴出资载明的宽限期应不低于六十日，宽限期届满之后，若股东仍然没有履行出资义务，公司经董事会决议可以向该股东发出失权通知。

（三）注销股东失权部分股权等

新公司法第五十二条第二款规定："依照前款规定丧失的股权应当依法转让，或者相应减少注册资本并注销该股权；六个月内未转让或者注销的，由公司其他股东按照其出资比例足额缴纳相应出资。"

根据该条规定，股东依法失权的股权应当在六个月内依法转让或者注销。否则，公司其他股东须按照各自的出资比例足额缴纳相应出资。

七、展望

新公司法第五十二条的规定设立了股东失权制度，弥补了公司法（2018 年修订）关于解除股东资格法定条件规定不明确的不足，为公司督促瑕疵股东履行出资义务、维持资本充足提供了明确有效的路径，使我国公司资本制度更加健全和完善，进而促进社会主义市场经济更好、更快发展。

第九章

保护股东的知情权

一、概述

　　股东知情权是指股东了解公司信息的权利，包括公司财务报告、账簿等有关公司经营、决策、管理的相关资料。股东与公司在查阅范围上的争议属于股东与经营公司的管理者的矛盾。[①]股东知情权是股东享有的一项独立、固有、具有工具性的基础权利，股东知情权赋予股东了解公司经营状况的权利，从而更好地行使股东权利，其制度功能在于协调股东与经营者之间的信息不对称，帮助股东获取与公司经营有关的重要信息，尤其是财务会计相关信息，便于股东行使其他权利。

　　股东知情权在股东权利体系中占据基础性地位，是股东知悉公司经营运转情况的基石，许多公司类型诉讼纠纷均以公司知情权诉讼作为突破口。新公司法进一步强化了股东知情权，旨在平衡股东（尤其是中小股东）与公司之间的信息不对称问题，保护股东的合法权益，特别是中小股东的利益。

[①]　赵旭东：《公司治理中的控股股东及其法律规制》，《法学研究》，2020年第4期。

二、新公司法修订股东知情权的意义

新公司法较之前的公司法以及《最高人民法院关于适用〈中华人民共和国公司法〉若干问题的规定（四）》，对于股东知情权条款规定进行了诸多调整和完善，新公司法对股东知情权的规则进行了实质修订，对于有限责任公司股东知情权，明确了股东可以查阅会计凭证，吸收、完善了司法解释中委托会计师事务所、律师事务所等中介机构辅助行使查阅权的内容，同时将知情权的行使对象拓宽至全资子公司；对于股份有限公司股东知情权，新增复制资料的规定，并将查阅、复制的范围与有限责任公司股东保持一致，但对查阅公司会计账簿、会计凭证的股东身份进行了限制，即连续一百八十日以上单独或者合计持有公司百分之三以上股份的股东才有权进行查询。

新公司法对股东知情权的修订，体现了对股东权利保护的加强和对公司透明度提升的追求，对于今后提升知情权纠纷案件审理质量和统一裁判规则至关重要。通过案例分析，我们可以看到法院在实践中如何应用这些新规则，以及如何平衡股东权利与公司利益。股东应当充分利用新公司法提供的查阅权，以更好地了解公司运营状况，参与公司决策，并监督公司管理。同时，公司也应当建立相应的机制，以确保股东知情权的合理行使，避免对公司运营造成不必要的干扰。

三、新旧公司法对股东知情权的相关规定

（一）新法条文

新公司法第五十七条规定，"股东有权查阅、复制公司章程、股东名册、股东会会议记录、董事会会议决议、监事会会议决议和财务会计报告。

"股东可以要求查阅公司会计账簿、会计凭证。股东要求查阅公司会计账簿、会计凭证的，应当向公司提出书面请求，说明目的。公司有合理根据认为股东查阅会计账簿、会计凭证有不正当目的，可能损害公司合法利益的，可以拒绝提供查阅，并应当自股东提出书面请求之日起十五日内书面答复股东并说明理由。公司拒绝提供查阅的，股东可以向人民法院提起诉讼。

"股东查阅前款规定的材料，可以委托会计师事务所、律师事务所等中介机构进行。

"股东及其委托的会计师事务所、律师事务所等中介机构查阅、复制有关材料，应当遵守有关保护国家秘密、商业秘密、个人隐私、个人信息等法律、行政法规的规定。

"股东要求查阅、复制公司全资子公司相关材料的，适用前四款的规定。"

（二）旧法对比

公司法（2018年修订）第三十三条规定，"股东有权查阅、复制公司章程、股东会会议记录、董事会会议决议、监事会会

议决议和财务会计报告。

"股东可以要求查阅公司会计账簿。股东要求查阅公司会计账簿的，应当向公司提出书面请求，说明目的。公司有合理根据认为股东查阅会计账簿有不正当目的，可能损害公司合法利益的，可以拒绝提供查阅，并应当自股东提出书面请求之日起十五日内书面答复股东并说明理由。公司拒绝提供查阅的，股东可以请求人民法院要求公司提供查阅。"

四、新公司法对股东知情权的创新

公司法（2018 年修订）针对股东知情权对有限公司与股份公司做了区分，分别为两类公司的股东提供了强度和范围均有很大不同的查阅权和复制权。有限公司股东可查阅复制公司章程、股东会会议记录、董事会会议决议、监事会会议决议和财务会计报告等资料，此外还有权查阅会计账簿；股份公司股东仅可查阅公司章程、股东名册、公司债券存根、股东大会会议记录、董事会会议决议、监事会会议决议、财务会计报告。然而，如此区分面临两大问题，一是实践中有限公司与部分发起设立、定向募集设立的股份公司在封闭性、股东人数等方面实质趋同，却适用完全不同的股东知情权规则，二是有限公司股东查阅的公司资料范围被严格限制，影响了知情权立法目的的实现。

因此，新公司法第五十七条在旧法第三十三条和《最高人民法院关于适用〈中华人民共和国公司法〉若干问题的规定（四）》第十条、第十一条的基础上，进行了完善。

（一）有限公司股东知情权的多处创新

1. 新公司法扩大了股东可查阅和复制的资料范围

第五十七条第一款增加了股东名册。股东知情权赋予了股东查阅复制公司材料的权利，包括可查阅且可复制和仅可查阅两类。新公司法扩大了股东可查阅且可复制的材料范围。除了既有的"公司章程、股东会会议记录、董事会会议决议、监事会会议决议和财务会计报告"，本次修订新增"股东名册"可供股东查阅复制。

2. 新公司法明确将会计凭证纳入查阅权范围

这是一项重大立法举措，也是对多年来司法实践极具争议问题的立法回应，对实现股东知情权的立法目的具有关键作用。关于会计凭证能否查阅的问题，以往司法实践中存在较大争议：支持观点认为，查阅会计凭证有利于充分保障股东知情权；反对观点认为，会计账簿的范畴不包括会计凭证，允许查阅会计凭证会过度干扰公司的正常经营[①]。为确保股东能够充分了解公司的财务和经营管理状况，新公司法在上述两种观点中选择了前者，通过立法的形式，统一了裁判规则，明确规定有限公司

[①] 以北京市高级人民法院的判决为例，关于股东能否查阅会计凭证的问题，支持的判决可参见（2020）京民申 4698 号，（2020）京民终 184 号，（2019）京民终 1508 号；不支持的判决可参见（2021）京民申 2038 号，（2020）京民终 47 号，（2020）京民申 4609 号，（2019）京民终 323 号。

的股东有权查阅会计账簿、会计凭证，使股东的知情权得到了更切实的保障。

设立股东会计凭证查阅权的原因，就是想让股东了解公司相关的财务信息。若是信息不对称可以被消除在股东和管理者之间，那就能帮助股东有效地行使其股权，也会大大增强公司在股东心目中的透明度，这样对于保护股东的权益就有很大的帮助。①

3. 允许股东委托专业中介机构代为查阅

考虑到部分股东并非法律和会计专业领域专业人士，而所涉股东知情权的核心资料具有一定的专业性，为进一步保障股东知情权的真正落实，新公司法吸收且优化了《最高人民法院关于适用〈中华人民共和国公司法〉若干问题的规定（四）》确立的裁判规则，允许股东委托专业中介机构代为查阅，并将委托辅助查阅时的保密义务客体扩展至包括国家秘密、商业秘密、个人隐私和个人信息等。

新公司法在保留股东上述委托权的同时，明确规定了接受委托的会计师事务所、律师事务所等中介机构负有保密义务，并删除了"在该股东在场的情况下"的要求。此后，股东委托中介机构查阅会计凭证、会计账簿的，中介机构可自行前往查阅，而无须股东在场，这为股东知情权的行使提供了极大便利。

---

① 李美云：《有限责任公司股东会计账簿查阅权问题研究——兼对〈公司法司法解释四〉（征求意见稿评析）》，《中国政法大学学报》，2013 年第 4 期。

4.允许股东查阅、复制全资子公司的相关材料

公司法（2018年修订）规定，母公司作为股东享有对全资子公司的知情权，但母公司的股东作为投资者，只是对其所投资的母公司享有股东权益，而与母公司的全资子公司之间不存在直接法律关系。从此前的司法实践来看，母公司股东主张对子公司行使知情权的案例也时有发生，但法院一般会考虑子公司的独立性，而对母公司股东的行权请求不予支持[①]。如果公司章程本身规定股东可以查阅子公司资料，法院则倾向于支持股东的行权请求[②]。只有在极个别案例中，法院突破了子公司的人格独立，支持股东对子公司行使知情权。

新公司法引入穿透查阅规则，允许股东查阅、复制全资子公司的相关材料。本次修订将股东知情权的对象拓展至全资子公司，也是基于实际情况对母公司中小股东的加码保护，新公司法仅将知情权对象拓展至全资子公司，不涉及控股子公司，这也是考虑到股东权利与公司经营之间的法益平衡而作出的保守性修改。

（二）股份公司股东知情权的突破

1.新公司法在股份公司章节增设复制权

第一百一十条允许股份公司股东查阅和复制公司章程、股东名册、股东会会议记录、董事会会议决议、监事会会议决议和财务会计报告。

---

① 案例见（2023）苏13民终149号、（2023）粤01民终6561号、（2022）沪0115民初56148号。
② 案例见（2022）苏02民终7878号、（2014）沪高民二（商）申字第S158号。

2. 新公司法将原本只适用于有限公司的会计账簿和会计凭证查阅权拓展至股份公司

第一百一十条第二款至第四款均为新增条款，它们于一定程度上拉近了有限公司与非上市股份公司少数股东知情权保护的强度差异。不过，实务中应注意两类公司在细节上的差别：一是股份公司股东的会计账簿和会计凭证查阅权是有条件的，查阅主体限于"连续一百八十日以上单独或者合计持有公司百分之三以上股份的股东"群体；二是不允许公司章程提高前述持股比例限制，捍卫了少数股东知情权的固有权本质。三是明确规定上市公司股东的查阅权和复制权适用《中华人民共和国证券法》等特别法。

五、案例分析

【案例 9-1】

黄某诉上海某光储运有限公司股东知情权纠纷案【上海市第一中级人民法院（2018）沪 01 民终 8044 号】

【基本案情】黄某通过司法拍卖程序竞得上海某光储运公司（以下简称某光公司）的 10.42% 股权，经法院执行受让相应股权成为某光公司的股东，自上海市金山区人民法院出具执行裁定书［案号（2015）金执字第 108 号］生效之日起，上述系争股权的司法评估值为 162 502.82 元，而黄某竞拍价为 980 000 元。案外人俞某作为上述系争股权的转让方，其和黄某于 2009 年 2 月 19 日投资成立上海 A 有限公司，经营范围包括物流运输。黄某分别参股上海 B 有限公司、上海 C 有限公司、上海 D 有限公司，上述公司经营范围均包括物流运输。

【诉讼请求】一、判令某光公司提供自公司成立之日起至 2018 年 4 月 24 日的股东会会议记录、董事会会议决议、监事会会议决议及财务会计报告（资产负债表、利润表、现金流量表、财务情况说明书、利润分配表），供黄某查阅、复制；二、判令某光公司提供自公司成立之日起至 2018 年 4 月 24 日的会计账簿（总账、明细账、日记账、其他辅助性账簿）及会计凭证（记账凭证和原始凭证），供黄某查阅。

法院审理后认为，公司股东有权行使股东知情权，有权查阅、复制公司章程、股东会会议记录、董事会会议决议、监事会会议决议和财务报告。但本案原告股东身份特殊，其还是上海另外三家物流公司的股东，与被告公司存在潜在的竞业风险，因而对其行使股东知情权应当加以限制。首先，对该股东行使知情权的范围进行限制，仅允许其查阅公司所有公示于工商行政主管机关的特定文件；其次，对该股东行使知情权的内容进行限制，即不允许股东查阅会计账。

笔者认为，股东行使知情权要求查阅公司会计账簿、会计凭证，应当受具有正当目的的限制。在请求查阅公司股东会会议记录等文件时，股东亦应当考虑是否会对公司权益造成损害，遵循诚实信用原则，在合理范围内行权，以实现平等保障股东利益及公司权益的目的。

【案例 9-2】

上海某华企业发展有限公司诉上海某华教育进修学院股东知情权纠纷案【（2016）沪 01 民终 4642 号】

【基本案情】2010 年 4 月，原告上海某华企业发展有限公司（以下简称某华公司）出资设立了被告上海某华教育进修学院（以下简称某华学院），占 100% 的出资份额。2012 年 9 月，某华公司与唐某、赵某、王某订立《资产、开办资金转让暨共同办学合同》，就设立上海某华机动车驾驶培训基地、转让及交换出资股份等事宜达成协议。2012 年 10 月 15 日，某华学院董事会通过《董事会决议》，约定唐某等人持有某华学院 90% 的出资份额，某华公司持有某华学院 10% 的出资份额。后因上海某华机动车驾驶培训基地终止申办等事，涉案双方产生纠纷，某华公司遂向上海市浦东新区人民法院提起诉讼。2015 年 6 月 24 日，上海市浦东新区人民法院作出（2015）浦民二（商）初字第 62 号判决，确认某华公司共持有某华学院 50% 的出资份额，上述判决已生效。2015 年 11 月中旬，某华公司发函给某华学院，要求提供财务、董事会会议决议、监事会会议决议等材料，因某华学院未回复，故某华公司诉至法院。

上海市第一中级人民法院二审认为，有关某华公司是否有权查阅、复制某华学院的章程、董事会会议决议、监事会会议决议和财务会计报告及查阅会计账簿的问题，主要涉及民办学校举办者的合法权益所指向的具体内容、享有知情权的法律依据以及知情权的行使问题。

公民、法人合法的民事权益受法律保护，任何组织和个人不得侵犯。《中华人民共和国民办教育促进法》第五条第二款规定，"国家保障民办学校举办者、校长、教职工和受教育者的合法权益"，合法权益是指符合法律规定的权利和利益。

公司法规定了股东享有包括知情权在内的各种权利，合伙企业法亦规定合伙人对合伙企业享有会计账簿等财务资料的查阅权，前述各种权利均归属于法律所要保护的合法权益，故从整个法律体系构架加以阐释，举办者作为民办学校的出资人，享有的合法权益应当包括了解和掌握学校办学和管理活动等重要信息的权利，该权利是举办者依法取得合理回报、参与重大决策和选择管理者等权利的重要基础。

学校章程、董事会会议决议、监事会会议决议及财务会计报告和会计账簿等资料是记录和反映学校的组织与活动、资产与财务管理等内容的重要载体。举办者只有在获取学校办学和管理活动信息的基础上，才可能参与学校的重大决策，要求合理回收及行使监督权。因此，举办者要求的查阅、复制民办学校的章程、董事会会议决议、监事会会议决议和财务会计报告及查阅会计账簿的权利，均在知情权涵盖范畴内，法院应当予以保护。

民办学校具有法人资格，可参照适用公司法的有关规定。民办学校属于法人型民办非企业单位，其不以营利为目的，并不等于不营利，虽然其在创立依据和创立程序上有别于受公司法调整的通常意义上的公司，但在具有法人资格和具有营利性质这些实质方面上，二者并无不同。

遂二审法院最终支持了某华公司的诉讼请求。

针对上海某华企业发展有限公司诉上海某华教育进修学院

股东知情权纠纷案，法院认为，尽管民办学校并非公司法意义上的公司，但法院可以参照公司法的相关规定，保障举办者的知情权。

笔者认为，营利性民办学校举办者主张行使知情权，人民法院可以类推适用公司法的相关规定。

【裁判要旨】股东知情权是股东固有的法定权利，其行使的主体应具有公司股东资格。新公司法出台后，其基础理论最为显著的变化即从严格的法定资本制转变为授权资本制，如果瑕疵出资并不导致公司设立无效，一般不宜轻易否定瑕疵出资者的股东资格。在一般的瑕疵出资（如未足额出资、出资评估价值不实）情形下，如果出资者具备认定股东资格诸要素中的其他任何一个，如股东名册、公司章程记载、工商登记，一般即认定其具有股东资格。在具有股东资格后，即意味着股东享有包括自益权和共益权在内的各项权利。自益权指股东以自身利益为目的行使的权力，主要表现为财产权，如按照出资比例分取红利的权利，依照法律、公司章程转让出资的权利，优先购买其他股东转让出资的权利、优先认购公司新增资本的权利、依法分配公司解散清算后的剩余财产的权利；共益权指股东依法参加公司事务的决策和经营管理的权利，是股东基于公司利益兼为自身利益行使的权利，如股东会或股东大会参加权、提案权、质询权、在股东会或股东大会上的表决权、股东会或股东大会召集请求权、临时股东大会自行召集权与主持权、了解公司事务、查阅公司账簿和其他文件的知情权、公司解散请求权等权利。

关于瑕疵出资股东受到的权利限制，从我国公司法的规定来看，允许公司对瑕疵出资股东予以限制的权利仅限于利润分配请求权、新股优先认购权、剩余财产分配请求权等直接获得财产利益的权利，而对股东知情权的行使并未进行禁止性规定，故股东的出资瑕疵并不必然导致股东资格的丧失，亦不影响股东知情权的行使。

【案例9-3】

杨某诉厦门市某胜餐饮管理有限公司股东知情权纠纷案【（2020）闽02民终5584号】

【基本案情】厦门市某胜餐饮管理有限公司（以下简称某胜公司）于2016年11月7日登记设立，注册资本为30万元，共有6个股东，其中杨某认缴出资6万元，占股20%。2019年3月28日，杨某向某胜公司作出一份沟通函，要求对有关某胜公司未分红、未发送利润报表等作出回复，并要求对某胜公司的往来账务进行查实和确认。2019年4月22日，杨某委托律师向某胜公司作出一份律师函，要求某胜公司提供所有财务明细（包括但不限于会计账簿、合同、税收凭证、债权债务凭证等公司经营管理相关文件）以供杨某查阅。某胜公司至今未提供相应的公司材料供杨某查阅、复制。为此，杨某诉至法院。

【裁判要旨】厦门市湖里区人民法院经审理认为，杨某作为某胜公司的股东，依法享有知情权。根据公司法第三十三条第一款规定，针对杨某要求某胜公司提供所有的公司章程、股东会会议记录和财务会计报告供其查阅、复制的请求，法院应予支持。杨某书面请求某胜公司查阅公司财务资料，某胜公司未作书面答复，且至今未提供查阅，杨某为此提起诉讼，某胜公司未举证证明杨某查阅公司财务资料的行为存在不正当目的且可能损害公司合法利益，应当认定杨某有权查阅某胜公司的财务资料。公司会计账簿的登记以会计凭证为基础，会计凭证的填制须以公司实际发生经济业务事项为基础，会计账簿的外延应当包括会计凭证和与会计凭证形成有关的基础性材料。对杨某请求查阅某胜公司所有的会计账簿（含总账、明细账、日记账、其他辅助性账簿）和会计凭证（含记账凭证、相关原始凭证及作为原始凭证附件入账备查的有关资料）的行为，法院应予支持。一审宣判后，某胜公司不服，向厦门市中级人民法院提起上诉称，会计账簿不应包括会计凭证及其他原始凭证，一审法院不当扩大了股东知情权范围，请求改判驳回杨某的全部诉讼请求。厦门中院经审理认为，根据会计法第十四条、第十五条等相关规定，会计账簿的外延应当包括会计凭证和与会计凭证形成有关的基础性材料。一审法院认定事实清楚、适用法律正确，应予维持。遂判决驳回上诉，维持原判。

笔者认为，有限公司会计账簿的登记是以会计凭证为基础的；会计凭证的填制，需要以公司实际发生经济业务事项为基础。公司法（2018 年修订）第三十三条第二款规定的会计账簿，其外延应当包括会计凭证和与会计凭证形成有关的基础性材料。

六、展望

（一）扩大知情权的权利主体

股东知情权是公司法赋予股东的一项基本权利，旨在确保股东能够获取公司经营管理的相关信息。新公司法在知情权的权利主体方面作出了扩展，不仅包括当前的股东，还涵盖了以下三类特殊主体。

持股期间权益受损的前股东：这些前股东即使在起诉时不再具备股东资格，但如果能提供初步证据证明在持股期间其权益遭到非法损害，他们也应有权请求查阅和复制特定文件、材料。

继受股东：对于新加入公司的股东，他们应有权请求查阅和复制其加入公司前的相关文件，以便更好地了解公司的经营状况和历史信息。

持股平台背后的实际投资人：在一些公司通过持股平台进行投资的情况下，实际投资人虽然在法律上不直接持有公司股份，但他们与公司的投资决策和经营状况有直接的利益关系，因此应被纳入知情权的保护范围。

（二）扩大可查阅复制的文件范围

知情权的行使不仅限于获取初步信息，股东更希望通过知情权实现其终极目的，如评估公司市值、转让股权、提起代位诉讼或直接诉讼等。新公司法虽然将查阅权扩展至会计凭证，但在实际运用中，股东可能需要查阅更多类型的文件，如销售合同等。这就要求司法实践在保护公司商业秘密和维护股东权益之间找到平衡点，对股东请求查阅超出法定范围文件的合理性进行评估。

（三）完善查阅相关机制

新公司法对股东查阅会计账簿等材料的前置程序进行了规定，但在实际操作中，这些程序可能存在一定的局限性，如不能有效防止滥诉，可能增加诉讼资源的耗费。为了提高知情权的行使效率和效果，可以考虑以下几个方面的改进。

1. 前置程序的优化。对前置程序进行优化，减少不必要的诉讼环节，提高查阅请求的审查效率。

2. 明确查阅目的的审查标准。在前置程序中，明确原告股东需要说明的查阅目的，以及法院对"不正当目的"抗辩的审查标准。

3. 判决执行问题的解决。针对股东胜诉后可能遇到的判决执行问题，法院应加大执行力度，确保股东知情权的有效实现。

4. 提高公司透明度。鼓励公司主动提高信息披露的透明度，通过定期发布财务报告、经营状况等信息，减少股东因缺乏信息而提起查阅请求的情况。

5. 加强股东教育。通过股东教育，提高股东对新公司法和公司治理的了解，帮助他们更好地行使知情权。

6. 建立股东服务平台。公司可以建立股东服务平台，为股东提供在线咨询、文件查阅预约等服务，提高股东服务的便捷性。

总之，新公司法对股东知情权的修订，体现了对股东权益保护的重视，也为公司治理透明度的提升提供了法律支持。在实践中，需要各方面共同努力，包括法院、公司、股东以及相关机构，共同推动知情权的有效行使和公司治理的持续优化。不断完善知情权的法律规定和实施机制，可以进一步增强股东对公司的信任，促进公司的健康发展和市场的稳定。

第十章

完善公司股权转让规则

一、概述

公司法对股权转让规则的渊源可追溯至中国市场经济体制的建立和国有企业改革初期。1993 年公司法的制定，标志着中国公司法律制度的正式确立，该法律不仅为公司的设立和运营提供了基本依据，也对股权转让等重要公司行为进行了规范，确立了公司法律制度的基本框架。

股权转让作为公司资本流动和股东权利实现的重要方式，其规则设计旨在平衡股东之间的信任关系和公司的人合性，同时保障股权的财产属性和流通性。公司法的历次修订均对股权转让规则进行了完善和发展，以求适应市场经济发展需要、解决实务中出现的问题。新公司法的修订，在简化股权转让程序、明确股东优先购买权、规定股权转让变更登记等方面作出了重大调整。这些变化对于减少股权转让纠纷、完善公司内部治理等具有积极作用。新公司法通过明确股权转让的通知内容、期限以及公司在变更登记中的义务，增强了股权转让的可操作性和法律效力。

二、新旧公司法对股权转让规则的相关规定

（一）新法条文

第八十四条　有限责任公司的股东之间可以相互转让其全部或者部分股权。

股东向股东以外的人转让股权的，应当将股权转让的数量、价格、支付方式和期限等事项书面通知其他股东，其他股东在同等条件下有优先购买权。股东自接到书面通知之日起三十日内未答复的，视为放弃优先购买权。两个以上股东行使优先购买权的，协商确定各自的购买比例；协商不成的，按照转让时各自的出资比例行使优先购买权。

公司章程对股权转让另有规定的，从其规定。

第八十六条　股东转让股权的，应当书面通知公司，请求变更股东名册；需要办理变更登记的，并请求公司向公司登记机关办理变更登记。公司拒绝或者在合理期限内不予答复的，转让人、受让人可以依法向人民法院提起诉讼。

股权转让的，受让人自记载于股东名册时起可以向公司主张行使股东权利。

第八十七条　依照本法转让股权后，公司应当及时注销原股东的出资证明书，向新股东签发出资证明书，并相应修改公司章程和股东名册中有关股东及其出资额的记载。对公司章程的该项修改不需再由股东会表决。

第八十八条　股东转让已认缴出资但未届出资期限的股权的，由受让人承担缴纳该出资的义务；受让人未按期足额缴纳

出资的，转让人对受让人未按期缴纳的出资承担补充责任。

未按照公司章程规定的出资日期缴纳出资或者作为出资的非货币财产的实际价额显著低于所认缴的出资额的股东转让股权的，转让人与受让人在出资不足的范围内承担连带责任；受让人不知道且不应当知道存在上述情形的，由转让人承担责任。

第一百五十七条　股份有限公司的股东持有的股份可以向其他股东转让，也可以向股东以外的人转让；公司章程对股份转让有限制的，其转让按照公司章程的规定进行。

（二）旧法条文

公司法（2018年修订）第七十一条　有限责任公司的股东之间可以相互转让其全部或者部分股权。

股东向股东以外的人转让股权，应当经其他股东过半数同意。股东应就其股权转让事项书面通知其他股东征求同意，其他股东自接到书面通知之日起满三十日未答复的，视为同意转让。其他股东半数以上不同意转让的，不同意的股东应当购买该转让的股权；不购买的，视为同意转让。

经股东同意转让的股权，在同等条件下，其他股东有优先购买权。两个以上股东主张行使优先购买权的，协商确定各自的购买比例；协商不成的，按照转让时各自的出资比例行使优先购买权。

公司章程对股权转让另有规定的，从其规定。

第七十三条　依照本法第七十一条、第七十二条转让股权后，公司应当注销原股东的出资证明书，向新股东签发出资证明书，并相应修改公司章程和股东名册中有关股东及其出资额的记载。对公司章程的该项修改不需再由股东会表决。

第一百三十七条 股东持有的股份可以依法转让。

《最高人民法院关于适用〈中华人民共和国公司法〉若干问题的规定（三）》第十八条 有限责任公司的股东未履行或者未全面履行出资义务即转让股权，受让人对此知道或者应当知道，公司请求该股东履行出资义务、受让人对此承担连带责任的，人民法院应予支持；公司债权人依照本规定第十三条第二款向该股东提起诉讼，同时请求前述受让人对此承担连带责任的，人民法院应予支持。

受让人根据前款规定承担责任后，向该未履行或者未全面履行出资义务的股东追偿的，人民法院应予支持。但是，当事人另有约定的除外。

三、新公司法对股权转让机制的创新

（一）简化股权对外转让规则，无须经过其他股东过半数同意

新公司法第八十四条第二款规定："股东向股东以外的人转让股权的，应当将股权转让的数量、价格、支付方式和期限等事项书面通知其他股东，其他股东在同等条件下有优先购买权。股东自接到书面通知之日起三十日内未答复的，视为放弃优先购买权。两个以上股东行使优先购买权的，协商确定各自

的购买比例；协商不成的，按照转让时各自的出资比例行使优先购买权。"

按照公司法（2018 年修订）的规定，股权对外转让需要经过其他股东过半数同意，新公司法删除了该规则，要求转让股东就股权转让的数量、价格、支付方式和期限等事项书面通知其他股东，其他股东只须决定是否行使优先购买权，如果在法定期限届满时都不行使优先购买权，则转让股东就可以自由对外转让股权。

（二）细化了通知内容，减少争议

新公司法对股权转让过程中的书面通知要求进行了具体化，明确规定了通知中必须包含的关键信息，诸如股权的数量、转让价格、支付方式以及交易的期限等要素。这样的规定确保了股权转让的透明度和可预测性，为所有股东提供了明确的权利和义务框架。

在实践中，如果股权转让的通知程序存在瑕疵或未履行通知义务，可能会使得股权转让协议面临被法院撤销或被判定为无效的风险。为了避免这种情况，新公司法鼓励采用多元化的通知方式，不再局限于传统的邮寄通知，而是采用了包括电子邮件、微信等通信手段，以确保通知能够迅速且准确地通知到每一位股东。

通过确保通知的"到位"，股东们可以在知情的基础上作出是否行使优先购买权的决定。如果其他股东选择不行使或放弃这一权利，股权转让方则可以继续将股权对外出售，除非公司章程有其他特别规定。这一法律变革不仅提高了股权转让的效率，而且有助于防止个别股东出于恶意阻挠股权的正常转让，从而在一定程度上解决了公司因股权转让僵局而导致的运营难题。

（三）新增股权转让变更登记及救济方式

新公司法第八十六条规定："股东转让股权的，应当书面通知公司，请求变更股东名册；需要办理变更登记的，并请求公司向公司登记机关办理变更登记。公司拒绝或者在合理期限内不予答复的，转让人、受让人可以依法向人民法院提起诉讼。股权转让的，受让人自记载于股东名册时起可以向公司主张行使股东权利。"

这一条款，对于股权转让中的受让股东通知公司的义务和请求公司变更登记的权利进行了规定，也明确了公司的登记义务。此外，在股权转让的情况下，受让人于何时开始享有股东权利，公司法（2018 年修订）并未明确，于是导致现实中的诸多纠纷，存在持支付转让款、变更股东名册、变更商事登记等主张者[①]，新公司法为避免这一纷争，直接规定受让人自记载于股东名册时起即可以向公司主张行使股东权利。

（四）新增股权转让中的出资责任

在中国实行注册资本认缴制度的大环境下，股权转让的法律情境呈现多样性。股东在转让其持有的公司股份时，可能会

---

① 李建伟、何健：《有限公司股权转让中的公司意思研究》，《河南社会科学》，2023 年第 9 期。

遇到认缴出资期限未至、已至但尚未实缴或者以非货币形式出资但其实际价值低于认缴额的复杂局面。针对这些情况，新公司法第八十八条在深入分析并吸收了修订前的公司法相关司法解释的基础上，提供了全面而明确的规定，以确保交易的公正性和公司资本的充实。

首先，针对认缴出资期限尚未到来的股权转让，新公司法第八十八条第一款规定，转让的股权所对应的实缴义务应由受让人承担。然而，如果受让人未能在规定的期限内足额缴纳出资，转让人则须对这部分未缴出资承担补充责任。这一规定突破了传统观念，即便转让人已将股权转让给受让人，也不能免除其对公司资本充实的间接责任，从而在一定程度上保障了公司及其他股东的权益。

此外，新公司法的这一规定也体现了对股东行为的规范和引导。它促使股东在认缴出资时更加审慎，理性评估自身的出资能力和公司的资本需求。同时，转让股东在选择受让人时也必须更加慎重，因为受让人的出资能力将直接影响转让股东是否需要承担补充责任。这一规定也强化了股东履行出资义务的诚信度，提高了公司资本的透明度和可预测性。

其次，对于已到实缴出资期限或非货币财产出资实际价值低于认缴额的股权转让，新公司法第八十八条第二款规定，转让股东与受让人应在出资不足的范围内承担连带责任。这一规定的核心目的在于保护公司及其债权人的合法权益，确保公司资本的真实性和稳定性。如果受让人能够证明其在受让股权时对出资瑕疵并不知情，且无从得知，那么他可以免除连带责任，由转让股东独立承担责任。这体现了法律对善意第三方的保护，同时也警示受让人在接受股权转让时必须尽到合理的审查义务。

新公司法的这些规定，不仅为股权转让中的出资责任问题提供了明确的法律依据，也对实务中的操作产生了深远的影响。它们促使股东在转让股权时更加注重合规性和诚信性，同时也为公司、其他股东以及债权人提供了更为坚实的权益保障。通过这些细致的规则设计，新公司法进一步促进了公司治理结构的优化和市场经济秩序的稳定。

在认缴制下，股东的出资承诺是公司资本信用的基础，而新公司法第八十八条的规定，确保了这一承诺不会因为股权的转让而落空。转让股东的补充责任和连带责任，既是对公司资本充实原则的维护，也是对股东诚信义务的强调。这些规定提高了股权转让的法律门槛，要求股东在出资和转让过程中更加谨慎，同时也为公司和其他利益相关者提供了更为全面的保护。通过这些规定，新公司法展现了对现代公司治理和市场经济规则的深刻理解和积极响应。

（五）完善异议股东股权回购请求权的规定

新公司法第八十九条为股东提供了一项重要的法律保护机制，即在特定情况下，投反对票的股东可以请求公司以合理价格回购其股权。这一规定不仅为中小股东提供了一种退出机制，也为公司于决策过程中可能出现的不公平现象提供了法律救济。

首先，该条款明确了三种情形，股东可以在这些情形下行使回购请求权：一是公司连续五年盈利但未分配利润，且符合利润分配条件；二是公司进行合并、分立或转让主要财产；三是公司章程规定的营业期限已满或出现其他解散事由，股东会通过决议修改章程使公司存续。这些情形均可能对股东的利益产生重大影响，特别是对那些在决策中处于劣势的中小股东。在这些情况下，如果股东对股东会的决议持有异议，他们可以在股东会决议后的六十日内与公司协商股权收购事宜。如果协商未能达成一致，股东有权在九十日内向人民法院提起诉讼，寻求法律救济。

其次，第八十九条还特别关注了控股股东滥用权利的问题。在实践中，控股股东可能利用其在公司中的主导地位，作出有损公司或其他股东利益的决策。为解决这一问题，新公司法赋予了其他股东在控股股东滥用权利时请求公司回购其股权的权利。这不仅为受害股东提供了一种补偿机制，也对控股股东的行为构成了有效的法律约束。

公司根据第八十九条第一款或第三款收购的股权，必须在六个月内依法转让或注销，以确保公司资本的稳定和透明。新公司法的这一规定，体现了对中小股东权益的重视和保护。它为股东提供了一种在公司决策过程中维护自身利益的手段，同时也强化了公司治理结构，促进了公司的健康发展。通过明确股东在特定情况下的回购请求权，新公司法增强了股东对公司事务的参与感和安全感，有助于构建一个更加公平、合理的公司治理环境。

最后，该规定也对公司的决策过程提出了更高的要求，要求公司在作出重大决策时更加注重股东的意见和利益，特别是中小股东的权益。此举有助于提高公司的决策质量，避免因控股股东的单方面决策而损害公司的整体利益。

总之，新公司法第八十九条的规定，为股东提供了一种在公司决策中维护自身权益的有效途径，同时也为公司的健康发展和股东利益的保护提供了有力的法律支持。通过这些细致的规定，新公司法展现了对现代公司治理和股东权益保护的深刻理解，为构建公平、透明的公司治理结构提供了坚实的法律基础。

四、司法案例

【案例 10-1】

杭州某城热电公司（以下简称热电公司）大股东股权转让案【（2007）上民二初字第 94 号】

【基本案情】杭州某城热电公司（以下简称热电公司）成立于 1995 年，是浙江萧山区内一家重要的公共型企业，其所发电能被并入国家电网，所产热能供给周边的用户企业。杭州某地集团拥有其 15% 的股份。2006 年，大股东（系自然人张某夫）决定转让其 78% 的股份。为了转让股份，张某夫先后与不同的受让人签订了两份协议。

第一份协议订立于 2006 年 9 月，张某夫与杭州某立钢结构制造有限公司（以下简称某立公司）共同约定，张某夫以 3430 万元将其全部股份转让给后者。同月，张某夫又授权后者处理热电公司的一切事务。2006 年 12 月，张某夫与同为股东的杭州某地集团签订了第二份协议，再度约定转让全部股份。

由于受让双方都不愿放弃，在协商不成的情况下，2007 年 1 月 31 日，杭州某地集团向杭州市上城区人民法院提起诉讼，要求判令公司与张某夫签订的股权转让协议合法有效，并判令张某夫依法履行股权转让引起的工商变更登记手续。

2007 年 2 月 7 日、3 月 22 日，上城区人民法院经两次公开开庭审理后认定，张某夫与某立公司签订股权转让协议未征求其他股东意见，也未就股权转让进行变更登记，判决杭州某地集团与张某夫签订的股权转让协议有效，张某夫应协助杭州某地集团办理股权变更登记手续。

笔者认为，其他股东行使优先购买权的前提是，转让股东向其他股东告知包括拟受让人、拟转让价格、拟转让数量等转让事项。其他股东只有在明确知悉了这些转让事项后，才可能以"同等条件"去行使优先购买权。因此，其他股东行使优先购买权的时间，应当是自收到转让股东关于告知具体转让条件的书面通知之时。

【案例 10-2】

安达新世纪某鹰投资发展有限公司（以下简称某鹰公司）与北京某国际投资管理有限责任公司（以下简称某国际公司）、某健康医药产业发展有限公司（以下简称某健康）股东权确权赔偿纠纷案【（2007）民二终字第 93 号】

【基本案情】2003 年，天津某泰控股集团有限公司（以下简称某泰集团）、某国际公司、天津新技术产业园区某纪元风险投资有限公司（以下简称某纪元）签订了发起协议，三方分别出资 1.3 亿元、1.3 亿元、0.4 亿元，成立了天津某泰生物科技发展有限公司（以下简称某泰生物）。2003 年 5 月 9 日至 13 日，三方将约定的出资金额转入某泰生物的账户，14 日会计师事务所完成验资报告，出具验资报告显示某泰生物收到三方的注册资本 3 亿元。16 日，某泰集团和某纪元将投入某泰生物的 1.3 亿元和 0.3 亿元转出账户。

2004 年 1 月 15 日，某泰集团将持有的 1.2 亿股某泰生物的股权转让给北京某医药科技开发总公司（以下简称某医药），某国际公司将持有的 0.2 亿股转让给东某药业，某纪元将持有的 0.3 亿股转让给东某药业。某泰生物董事会决议为：某医药应在 2005 年 3 月 30 日前注入资产 1.2 亿元，某泰集团应在 2004 年 4 月 30 日前注入土地资产 0.1 亿元，东某药业应在某泰生物工商变更完成后的 7 日内注入现金 0.5 亿元。

2004 年 4 月，某泰生物改名为某健康。2005 年年初，东某药业、某医药分别将其持有的 0.5 亿股、1.05 亿股转让给某鹰公司，因为东某药业的 0.5 亿元出资不实，所以对此 0.5 亿股款，某鹰公司不必支付款项给东某药业，其只需要履行出资义务。而对于某医药的 1.05 亿元，则是由某鹰公司顶替某医药欠某健康的 1.2 亿元投资款，以此抵销某鹰公司欠某医药的股价款。之后，某泰集团也将其持有的 0.1 亿股转让给某鹰公司，并与某鹰公司、某健康签订了协议，约定某鹰公司将股权的价值 700 万元直接付款给某健康，用来抵销某泰集团此前拖欠某健康的土地金额。

截至 2005 年 7 月，某鹰公司从某医药、东某药业、某泰集团购买获得了某健康公司股份 1.65 亿股。9 月，某鹰公司与某健康签订协议，其所购买的 1.65 亿股不必向 3 家卖方支付款项，只需要承接 3 家卖方欠某健康的 1.65 亿元债务，两年还清即可。至此，某健康实际收到的投资款为某国际公司出资的 1.1 亿元和某纪元出资的 0.1 亿元，剩余款项实际均未收到。

2006 年，某国际公司收到浙江省宁波市中级人民法院的通知，显示某鹰公司拖欠浙江某鹰投资管理有限公司（以下简称浙江某鹰）4005.33 万元，已经进入强制执行阶段，某鹰公司与浙江某鹰达成了和解，某鹰公司以其持有的 1.65 亿股某健康的股份折价 0.35 亿元，一次性抵偿给浙江某鹰，要求某国际公司在 20 日内回复法院，是否行使优先购买权。

拿到通知后，某国际公司起诉某鹰公司，要求该公司立即履行对某健康的出资义务，在此之前，不应享受 1.65 亿股的股权。某鹰公司辩解称，出资义务已经由其持股的前手股东履行，公司所承担的是债务，并不是出资的义务。

法院认为，出资义务是法定的，不能因为股东之间或股东与公司之间的协议而免除或者变更。股权转让的受让人明知其受让的股权出资不实，应当补缴。在出资不到位时，其股东权利的行使应当受到限制。

笔者认为，股东出资不到位并不影响其股东资格的取得，但其享有股东权利的前提是承担股东义务，若股东违反出资义务，则其不应享有股东的相应权利，这是民法中权利与义务统一、利益与风险一致原则的具体体现。涉案股东并未履行出资义务，其股东权利的行使应当受到一定的限制，这种限制应根据具体的股东权利的性质确定，即与出资义务相对应的股东权利只能按出资比例来行使，原审法院认为其相关表决权、利润分配请求权及新股认购权应受限制，并无不当。

【案例 10-3】

袁某晖与某置业（湖南）发展有限公司（以下简称某置业）请求公司收购股份纠纷案【（2014）民申字第 2154 号】

2010 年 3 月 5 日，某置业形成股东会决议，明确由沈某、钟某光、袁某晖三位股东共同主持工作，确认全部财务收支、经营活动和开支、对外经济行为必须通过申报并经全体股东共同联合批签才可执行，对重大资产转让要求以股东决议批准方式执行。但是，根据某置业与袁某晖的往来函件，在实行联合审批办公制度之后，某置业对案涉二期资产进行了销售。该资产转让从定价到转让，均未取得股东袁某晖的同意，也未通知其参加股东会。

法院审理认为，根据公司法（2005 年修订）第七十五条规定，对股东会决议转让公司主要财产投反对票的股东有权请求公司以合理价格回购其股权。本案从形式上看，袁某晖未参加股东会，未通过投反对票的方式表达对股东会决议的异议。但是，公司法（2005 年修订）第七十五条的立法精神在于保护异议股东的合法权益，之所以对投反对票作出规定，意在要求异议股东将反对意见明示于其他股东。本案中袁某晖未被通知参加股东会，无从了解股东会决议，并对股东会决议投反对票。此外，袁某晖在 2010 年 8 月 19 日申请召开临时股东会时，明确表示反对二期资产转让，要求立即停止转让上述资产，某置业驳回了袁某晖的申请，并继续对二期资产进行转让，已经侵犯了袁某晖的股东权益。因此，二审法院依照公司法（2005年修订）第七十五条规定，认定袁某晖有权请求某置业以公平价格收购其股权，并无不当。

五、新公司法背景下股权转让规则的不足与展望

新公司法虽然在股权转让规则上作出了诸多积极修订，但也存在一些潜在的缺陷和挑战。

（一）操作性细节不足

新公司法虽然在理念上对股权转让流程进行了优化，旨在降低程序复杂性，提高效率，但在具体实施层面，一些操作细节的不明确可能带来新的挑战。例如，尽管法律条文对股权转让的书面通知义务进行了规定，但如何界定"同等条件"、如何确定通知的充分性以及如何证明股东已收到通知等具体问题，可能在实践中引发争议。

此外，新法虽然取消了过半数股东同意的要求，但对股权转让的决策机制和程序仍须进一步明确。在缺少明确的操作指引时，公司和股东可能对如何合规地进行股权转让感到困惑，这不仅增加了交易成本，也可能因引发理解差异而导致公司面临法律风险。

对于股权转让的登记变更等后续程序，新公司法同样需要提供更清晰的操作指南。工商登记机构在执行新法规定时可能

有不同的解读，这可能导致不同地区的执行标准不一致，影响法律的统一性和权威性。

因此，为了确保新公司法下股权转让规则的有效实施，有关部门需要出台更加具体和操作性强的细则，包括但不限于股权转让的具体流程、所需文件、登记变更的具体要求等，以减少实践中的不确定性，提高法律的可执行性。同时，也需要加强对公司法的宣传和教育，确保公司管理层和股东能够准确理解和运用新规定。

（二）对小股东的保护有限

尽管新公司法在法律层面上增加了对中小股东的保护措施，例如简化了股权转让流程并明确了优先购买权的行使条件，但这些规定在实际操作中可能难以完全解决小股东面临的困境。小股东通常缺乏与大股东相匹配的信息获取渠道，这导致他们在公司决策和股权转让过程中处于不利地位。信息不对称使得小股东难以及时了解股权转让的真实情况和条件，从而无法作出明智的决策。

此外，小股东在与大股东的谈判中往往缺乏足够的议价能力。大股东可能利用其控股地位对小股东施加影响或施加压力，使小股东难以坚持自己的权益。即使法律赋予小股东优先购买权，但在实际行使时也可能遭遇种种障碍，如大股东通过设置不利于小股东的条件来限制其行使权利。

因此，虽然新公司法在纸面上增强了对小股东的保护，但在实践中，仍需要进一步的机制来确保这些保护措施能够得到有效实施，从而真正提升小股东在公司治理中的地位和影响力。这可能需要公司加强信息披露制度，提高公司透明度，以及为小股东提供更多的法律支持和咨询，帮助他们在面对大股东时能够更加自信和有力地维护自己的权益。

出资责任规定可能引发争议：新法对未履行出资义务的股东转让股权后的出资责任进行了规定，但在实际操作中，如何界定"同等条件"以及受让人的知情状态，可能存在争议。

（三）公司章程自治空间受限

新公司法在赋予公司章程一定自治权的同时，对股权转让等关键事项施加了法律层面的限制，这可能对公司个性化管理的实施造成一定影响。公司章程作为企业内部治理的基本规则，本应充分反映公司的具体情况和股东的共同意愿，但在新法的框架下，公司章程在股权转让方面的自主设定空间受到了压缩。

例如，新法规定了股东对外转让股权的程序和条件，公司章程虽然可以对股权转让作出一些补充规定，但这些规定不能与法律规定相抵触，也不能剥夺或不合理限制股东的基本权利。这限制了公司章程在股权转让条款设计上的灵活性，可能导致公司难以根据自身特点制定更为细致和个性化的管理规则。

此外，对于一些特殊类型的公司，如家族企业、初创公司等，它们可能需要更为灵活的股权转让机制来适应其发展需要和处理股东之间的特殊关系。新法的限制可能使得这些公司难以在章程中体现其个性化的治理需求，影响公司治理结构的优化和创新。

因此，新公司法在制定时，需要平衡法律规定的统一性和公司章程的自治性，为公司章程留出足够的空间，使其能够更好地适应不同公司的治理需求，真正实现个性化管理。同时，其也需要为公司提供明确的指导，帮助公司在法律允许的范围内合理制定和运用公司章程，以促进公司治理的灵活性和有效性。

第十一章

有限责任公司控股股东滥权情形下其他股东可行使回购请求权

收购股权新旧法对比表如表 11-1 所示。

表 11-1　收购股权新旧法对比表

公司法（2018 年修订）	新公司法
第七十四条　有下列情形之一的，对股东会该项决议投反对票的股东可以请求公司按照合理的价格收购其股权 　（一）公司连续五年不向股东分配利润，而公司该五年连续盈利，并且符合本法规定的分配利润条件的 　（二）公司合并、分立、转让主要财产的 　（三）公司章程规定的营业期限届满或者章程规定的其他解散事由出现，股东会会议通过决议修改章程使公司存续的 　自股东会会议决议通过之日起六十日内，股东与公司不能达成股权收购协议的，股东可以自股东会会议决议通过之日起九十日内向人民法院提起诉讼	第八十九条　有下列情形之一的，对股东会该项决议投反对票的股东可以请求公司按照合理的价格收购其股权 　（一）公司连续五年不向股东分配利润，而公司该五年连续盈利，并且符合本法规定的分配利润条件 　（二）公司合并、分立、转让主要财产 　（三）公司章程规定的营业期限届满或者章程规定的其他解散事由出现，股东会通过决议修改章程使公司存续 　自股东会决议作出之日起六十日内，股东与公司不能达成股权收购协议的，股东可以自股东会决议作出之日起九十日内向人民法院提起诉讼 　公司的控股股东滥用股东权利，严重损害公司或者其他股东利益的，其他股东有权请求公司按照合理的价格收购其股权 　公司因本条第一款、第三款规定的情形收购的本公司股权，应当在六个月内依法转让或者注销

一、概述

为了保证公司的正常运营，公司法（2018 年修订）规定，以"资本多数决"的方式解决股东在公司重大事项决策上的意见分歧，但该方式可能不可避免地会严重损害中小股东的合法权益，因为持有多数股权的大股东，可能基于其对公司的控制力，滥用股东权利。公司法（2018 年修订）第七十四条规定了有限责任公司异议股东行使的股权回购请求权的三种法定情形，适用范围有限，极易被规避，且受六十日和九十日这两个时间点的限制，实践中因为各种原因超过诉讼期限的情况较多。新公司法新增了有限责任公司的控股股东滥权情形下异议股东的回购请求权，即控股股东滥用股东权利，严重损害公司或者其他股东利益的，其他股东有权请求公司按照合理的价格收购其股权，这一规定为中小股东提供了有效的救济渠道。

二、有限责任公司异议股东回购请求权的立法演进

最高人民法院在 2003 年 11 月 4 日发布的《最高人民法院关于审理公司纠纷案件若干问题的规定（一）（征求意见稿）》第三十七条规定："有限责任公司股东会决议公司合并、转让、实行股份交换、出租公司全部财产、对公司经营范围进行重大变更或者修改公司章程限制股份转让的，在股东会议表决时投反对票的股东有权请求公司收购其股份。公司连续五年或者五

年以上盈利，且符合公司法规定的股东分配利润条件，但不分配利润的，在股东会决议表决时投反对票的股东有权请求公司收购其股份。自股东会决议之日起六十日内，股东与公司就收购股份协商不成的，股东可以在该期间经过后三十日内，向人民法院提起诉讼；逾期起诉的，人民法院不予受理。"虽然该征求意见稿最终未予正式发布，且该条款与公司法（2018年修订）第七十四条存在一定差异，但该条款已经对有限责任公司股东可以请求公司回购股权的特定情形、行使程序和救济途径进行了大致规定，对2005年公司法修订时设立有限责任公司异议股东回购请求权制度初步奠定了基础。

2005年公司法在进行修订时，设立了有限责任公司异议股东回购请求权制度，即"有下列情形之一的，对股东会该项决议投反对票的股东可以请求公司按照合理的价格收购其股权：（一）公司连续五年不向股东分配利润，而公司该五年连续盈利，并且符合本法规定的分配利润条件的；（二）公司合并、分立、转让主要财产的；（三）公司章程规定的营业期限届满或者章程规定的其他解散事由出现，股东会会议通过决议修改章程使公司存续的。自股东会会议决议通过之日起六十日内，股东与公司不能达成股权收购协议的，股东可以自股东会会议决议通过之日起九十日内向人民法院提起诉讼。"公司法（2018年修订）第七十四条也沿用了该条款。

三、新公司法关于有限责任公司股东回购请求权的修订背景

公司法（2018 年修订）第七十四条虽然规定了有限责任公司异议股东有行使回购请求权的权利，但并未规定在控股股东滥权情形下，其他股东可行使回购请求权。在实践中，尽管在法律规定特定情形下，异议股东可行使回购请求权，但其行使权利也存在不少问题，主要体现在以下三个方面。

（一）主体资格问题

公司法（2018 年修订）规定，有限责任公司的回购请求权主体仅限于"对股东会该项决议投反对票的股东"，这里的股东是一个权利不存在瑕疵的股东，是一个"完美"的股东，他具有股东主体资格，依法或依章程参加股东会，有投票权并且在法定情况出现时投了反对票。在实践中却存在股东认定的疑问，即股东权利会因各种原因而存在瑕疵，如一些股东没有表决权，一些股东存在出资瑕疵等。对于这些股东是否应享有股权回购请求权，目前存在较大争议。

1. 有限公司可以通过章程约定某一股东不享有表决权。若无投票权的股东对公司的决议持异议，且无法通过转让股权达到退出公司的目的，其是否可以要求公司回购股权呢？该问题目前在我国一直存在争议。目前的司法实践中一般认为，该类股东并非"异议股东"，因此不应享有股权回购请求权。公司一旦出现控股股东滥用股东权利损害公司或其他股东利益的情

形，若该股东也无法通过股权转让退出公司，则其难以保证自身权益。

2. 如果未召开股东会，异议股东是否可以行使该请求权？在大股东压制的情况下，若大股东和公司采取消极不合作方式，可能对请求回购的小股东权利救济带来困难。例如，小股东因为持股比例不足，无法按照公司正常流程召开股东会；小股东根据章程规定或合同约定虽然可以自行召开股东会，但大股东因为各种原因不参会，无法作出相关决议的，对于此时虽未实际召开股东会，但已经满足回购条件的，在实践中，部分人民法院认定股东要求公司收购其股权的条件已经成立，即满足请求权的行使要件。在（2010）静民二（商）初字第728号上海某维工贸有限公司诉上海某蓝山餐饮有限公司股份收购请求权纠纷案中，法院认为，被告资产负债表显示，2003年12月至2009年12月，每年均有未分配利润，具备分配利润的条件；此间，被告未召开股东会，也未分配利润。2009年8月6日，原告要求召开股东会，讨论公司利润分配等重大事项，被告也未予召开。按照法律有关规定，公司连续五年不向股东分配利润，而公司该五年连续盈利，并且符合本法规定的分配利润条件的，对股东会该项决议投反对票的股东，可以请求公司按照合理的价格收购其股权。但是本案被告只有两名股东，其中第三人作为公司控股股东，在本案审理中明确表示不同意召开股东会，不同意与原告协商利润分配和股权公司回购问题，使得股东会是否召开已无实际意义，故法院认为原告已经具备要求被告收购原告股权的条件。[①] 因此支持了原告的回购请求。但同类案例也有部分法院以不符合程序要件为由予以驳回。

3. 如果满足法定情形时股东非因自身过错未能参加股东会，因此未投出反对票，是否可以行使回购请求权？在（2014）民申字第 2154 号袁某晖与某置业（湖南）发展有限公司请求公司收购股份纠纷案判决中，最高人民法院认为，非因自身过错未能参加股东会的股东，虽未对股东会决议投反对票，但对公司转让主要财产明确提出反对意见的，其若请求公司以公平价格收购其股权，法院应予支持。[②] 但该观点没有明确的法律规定，在司法实践中存在类似情况的异议股东，也只能援引该案例主张其可以行使请求回购的权利。

（二）回购权条件设置过于苛刻的问题

1. 连续五年盈利、符合分配利润条件但连续五年不向股东分配利润。在实践中，这一项的举证责任在原告，异议股东未能充分举证证实公司存在载明具体分配方案的股东会或者股东大会的有效决议，不能举证证明公司存在违反法律规定滥用股东权利不向其分配利润的情形，法院一般不支持异议股东的回购请求权。那么如何证明符合该条件，往往与股东知情权紧密相关。新公司法对于股东知情权也进行了优化。但总体来说，公司出现连续五年盈利、符合分配利润条件但连续五年不向股东分配利润的情形并且由异议股东证明该情形的条件较为苛刻，

---

① （2010）静民二（商）初字第 728 号民事判决书。

② （2014）民申字第 2154 号民事裁定书。

在实务中较难适用。

2. 公司合并、分立、转让主要财产。合并、分立有明确的标准，不必赘述，问题是如何判断"转让主要财产"。在该问题上，司法实践中，不同法院的认定标准不一致。在薛某诉京某医药科技集团有限公司请求公司收购股份纠纷案中，股东会决议转让子公司 51% 的股权。原告股东提出异议，认为该行为属于公司法（2018 年修订）第七十四条规定的公司"转让主要财产"的行为，要求股权回购。一审法院认为，公司转让的财产是否为主要财产，取决于公司转让该财产是否影响公司的正常经营和盈利，进而导致公司发生了根本性变化。京某公司的经营范围为销售医用高分子材料及制品、卫生材料及敷料、医用电子仪器设备、包装食品，自营和代理各类商品及技术的进出口业务等。现有证据表明，京某公司转让其持有的国某公司 51% 的股权的行为并未影响公司的正常经营和盈利，亦没有证据表明公司发生了根本性变化，故法院认为京某公司转让其持有的国某公司 51% 的股权不能视为京某公司的主要财产。[①] 二审法院认为：薛某主张国某公司 51% 股权属于京某公司主要财产，但其并未提交充分证据加以证明，薛某亦不能证明其股东权益在转让后将受到损害，且转让国某公司 51% 股权后，京某公司的正常经营亦未发生根本性变化，故对其该项上诉主张，本院不予支持。[②] 本案一审法院和二审法院均采取了"质"的判断标准，驳回了原告的诉讼请求。而在中国华某资产管理股

---

① （2011）丰民初字第 10986 号民事判决书。
② （2012）二中民终字第 2333 号民事判决书。

份有限公司（以下简称华某公司）与重庆某桐矿业有限责任公司（以下简称某桐公司）请求公司收购股份纠纷中，法院认为，公司主营业务涉及的财产且运营该财产所得收益构成公司主要收入来源，转让该财产将改变公司经营方向的，该财产可以被认定为公司主要财产。本案中，某桐公司的主营业务包括煤炭的生产和销售，且某桐公司2018年度1—4月会计报表显示，2018年1—4月，某桐公司煤炭收入分别占月总营业收入的43.5%、44%、58.3%和55.4%，可见，经营煤炭的收入是某桐公司营业收入的主要构成部分。同时，某桐公司2018年度5—9月会计报表显示，某桐公司将2018年5月24日《股东会决议》涉及的财产转让后，其不再有煤炭收入，因此，该《股东会决议》决定转让的某桐煤矿、某岩煤矿、某林煤矿、某煤厂及某护队资产（包括存货、固定资产、在建工程、土地使用权及矿业权）是某桐公司的主要财产。[①] 故华某公司有权作为异议股东行使回购请求权。

（三）股权回购后处置方式的问题

公司法（2018年修订）第一百四十二条规定了股份公司回购股权后应区分情况在限定时间内进行转让或注销，但该规定是股份有限公司股份回购不同情况下的处置期限和处置方式，并不能作为有限责任公司股权回购的处置标准。公司回购股权后如果长时间不处置股权并将其归入公司持有，对于公司经营决策以及公司债权人的利益保护都将有不利影响。

---

① （2018）渝民初146号民事判决书。

综上所述，在实践中，中小股东面临控股股东滥用股东权利损害公司或者其他股东利益的情况，往往难以达到上述规定中"异议股东回购请求权"的三种情形，无法实现退出公司的目的。

四、新公司法关于有限责任公司控股股东滥权情形下其他股东行使回购请求权的规定

由于我国公司股权结构比较集中，实践中大股东滥用权利，损害公司或其他股东利益的情形较为多见，加之有限责任公司缺乏公开转让股权的市场，中小股东退出公司的渠道十分狭窄。为了贯彻产权平等的政策要求，加强对于中小股东的保护，新公司法第八十九条在公司法（2018 年修订）第七十四条的基础上，新增了第三款内容，即公司的控股股东滥用股东权利，严重损害公司或者其他股东利益的，其他股东有权请求公司按照合理的价格收购其股权。前述新增的条款明确规定了大股东滥用权利情形下中小股东的回购请求权，增加了有限责任公司股东可以请求股权回购的适用情形，将原本仅限于"异议股东"的回购请求权在特殊情形下赋予了控股股东之外的中小股东，为中小股东在控股股东滥权情形下退出公司提供了维权的路径。另外，新公司法第八十九条在公司法（2018 年修订）第七十四条的基础上，新增了第四款内容，即公司因第八十九条第一款、第三款规定的情形收购的本公司股权，应当在六个

月内依法转让或者注销。这一规定完善了股权回购后的处置问题，明确了在六个月内依法转让或注销这两种处置回购股权的可选方式。

同时，新公司法第二百六十五条规定了控股股东的含义，"是指其出资额占有限责任公司资本总额超过百分之五十或者其持有的股份占股份有限公司股本总额超过百分之五十的股东；出资额或者持有股份的比例虽然低于百分之五十，但依其出资额或者持有的股份所享有的表决权已足以对股东会的决议产生重大影响的股东。"这一规定也为中小股东依据第八十九条第三款行使回购请求权提供了法律支撑。

五、司法案例

因公司法（2018 年修订）未规定控股股东滥权情形下其他股东的回购请求权，新公司法施行前，其他股东只能依据公司法（2018 年修订）第二十条第二款的规定要求滥权股东承担赔偿责任。上海市静安区人民法院审理的董某诉上海某达建设发展有限公司等滥用股东权侵权赔偿纠纷案就是此类情况的一个比较典型的案例，本案二审经上海市第二中级人民法院调解结案。

【案例 11-1】

董某诉上海某达建设发展有限公司等滥用股东权侵权赔偿纠纷案

【基本案情】 被告某富公司于 1995 年 7 月 12 日设立，注册资本为 2100 万元，系上海市普陀区陕西北路 1789 弄"某华名苑"项目的开发公司。2004 年 8 月 30 日，原告出资 315 万元，受让被告某富公司 15% 股权；被告某富公司的另一股东为被告某达公司，占公司 85% 的股权。至 2005 年 12 月 31 日，被告某富公司未分配红利。

2005 年 5 月 20 日、7 月 28 日、9 月 25 日和 11 月 29 日，被告某富公司以解决公司流动资金为由，四次召开股东会，形成决议：（1）被告某达公司同意向被告某富公司增资 1900 万元；（2）被告某达公司同意引进第三人作为战略投资者向被告某富公司增资 1000 万元。原告认为上述决议属于恶意增资，第三人为关联公司，均持反对意见。之后，被告某富公司以公司原注册资本 2100 万元为增资时的净资产完成了增资行为。2006 年 3 月 8 日，经工商部门登记核准，被告某富公司注册资本为 5000 万元，被告某达公司出资 3685 万元，占 73.7% 股权；第三人出资 1000 万元，占 20% 股权；原告出资 315 万元，占 6.3% 股权。被告某富公司增资扩股前后均未对公司净资产进行审计、评估。

截至 2005 年 12 月 31 日，被告某富公司预计毛利额 133 552 777.42 元；可实现净利润 75 832 869.95 元；资产总额 326 379 642.25 元，负债总计 208 171 544.06 元，所有者权益

118 208 098.19 元。被告某富公司净资产评估值 155 360 385.30 元（含注册资本 5000 万元）。

本案一审判决后，被告某达公司提起上诉，经二审法院主持调解，上诉人某达公司、被上诉人董某、原审被告某富公司以及二审追加的第三人上海某达科技（集团）股份有限公司自愿达成调解协议：由某达公司向董某支付补偿款。

【案件评析】股东会的决议一般是根据"资本多数决"或者"人数多数决"的原则作出的，是少数股权服从多数股权的法律制度，故股东会的决议程序、内容应当合法公正。如果股东会的决议程序、内容存在瑕疵，其效力就会受到影响。本案中，被告某富公司的股东会决议召集的程序合法，其内容也系根据"资本多数决"的表决原则作出的。但是应当引起注意的是，被告某达公司在实施被告某富公司增资的股东会决议时，应该公平维护小股东的权益。若损害小股东的利益，公司应当承担相应的民事责任。被告某富公司的审计、评估报告显示，被告某富公司股东会在作出引进战略投资者、进行增资决定时，公司的经营状况良好，经营利润丰厚，公司净资产已达155 360 385.30 元的规模。审理中，两被告均未能对公司的增资决策作出合理解释。客观上，被告某富公司的增资决定，并未按照当时公司的净资产额进行，而是按照大大低于当时公司净资产额的公司注册资本进行增资，显著降低了某富公司的小股东即本案原告所持股权的价值，侵害了原告的权益，造成了原告的损失。被告某达公司系掌握被告某富公司控制权的大股东，它凭借所控制的多数表决权，将自己的增资意志拟制为公司的意志，对该决议的通过起到了决定性作用，且在实施股东会决议时未能客观、公正地对被告某富公司的净资产进行必要的审计、评估，致使原告的股权价值蒙受了巨额损失。被告某达公司的行为属于滥用股东权利行为，违反了大股东对小股东的信义义务，故被告某达公司对原告因此所受的损失应承担赔偿责任；被告某富公司不应承担赔偿责任。

至于新公司法施行后滥权股东外的其他股东维权路径选择，在新公司法施行后，本案原告董某可以选择提起诉讼要求滥权股东赔偿损失或者按照法律规定行使股东的回购请求权，进而选择对自身比较有利的处理方式。

六、新公司法修订股东回购请求权后可能存在的问题以及律师建议

新公司法虽然在公司法（2018 年修订）的基础上新增了控股股东滥权情形下，其他股东的回购请求权，但新增的条款表述比较笼统，对于控股股东滥用股东权利的情形以及严重损害公司或者其他股东利益的判断标准这两个比较重要的前提条件，其未作明确规定。这就可能导致在司法实践中，法官对于这两个问题的认定标准不一致，进而出现同案不同判的情况。

针对上述认定标准规定不明确的问题，笔者建议中小股东注意关注公司的经营情况，尽可能地留存控股股东滥权的相关证据，以期通过行使回购请求权的方式实现退出公司的目的。

七、展望

尽管新公司法关于控股股东滥权情形下，其他股东行使回购请求权的规定比较笼统和抽象，但毕竟也为保护中小股东的利益迈出了实质性的一步，赋予了中小股东在控股股东滥用股东权利损害公司利益或者其他股东权利时的选择权，即中小股东认为控股股东滥用权利时，除可以选择决议撤销诉讼来撤销不当决议、股东代表诉讼来追究滥权股东责任外，还可以行使股权回购请求权，从而彻底退出公司。

第十二章

新增专章"国家出资公司组织机构的特别规定"

一、概述

公司是最重要的市场主体，公司法亦是我国社会主义市场经济体制的基础性法律。党的十八大以来，以习近平同志为核心的党中央统筹推进"五位一体"总体布局，协调推进"四个全面"战略布局，在深化国有企业改革、优化营商环境、加强产权保护、促进资本市场健康发展等方面作出重大决策部署，进而推动公司制度和实践进一步完善发展，并对公司法修改提出一系列任务要求。

其中，新公司法深入总结国有企业改革成果，将公司法（2018年修订）的第二章第四节"国有独资公司的特别规定"相关内容加以扩充及修订，提出了一个新的法律概念"国家出资公司"，并以国家出资公司相关规定独立成章，成为新公司法的第七章，"国家出资公司组织机构的特别规定"。该章节不仅适用于国有独资公司，其适用范围亦扩大至国有资本控股公司，包括国家出资的有限责任公司和股份有限公司。

本章共有十条内容，具体为：第一百六十八条（国家出资公司的定义和规则适用）、第一百六十九条（履行出资人职责和履行出资人职责的机构）、第一百七十条（国家出资公司坚持党的领导）和第一百七十七条（国企合规的法治化要求）是对国家出资公司的要求，是原则性的规定。第一百七十一条到一百七十六条是对国有独资公司的规定，是对公司法（2018年修订）国有独资公司相关规定之调整。综上，本章将从对国家出资公司原则性规定以及对国有独资公司相关规定的调整两个方面，对新公司法修订条文及重点所涉法律问题进行探讨。

二、修订要点

（一）"国家出资公司"概念的再界定

经过多年的股权多元化改革和混合所有制改革，相当一部分集团公司已不再是国有独资公司形式。对于该类公司，原先公司法（2018年修订）关于国有独资公司的规定不再适用。本次新公司法修订创设的"国家出资公司"概念，将规制范围扩充到国有资本控股公司（包括股份公司和有限责任公司），符合国企改革实践中出现的新情况。公司法（2018年修订）仅针对国有独资的有限责任公司进行了特别规定。新公司法将规范规制范围扩展至国有独资、国有控股的有限责任公司、股份有限公司。

《中华人民共和国企业国有资产法》（以下简称企业国有资

产法）第五条：本法所称国家出资企业，是指国家出资的国有独资企业、国有独资公司，以及国有资本控股公司、国有资本参股公司。与企业国有资产法相比，国有资本参股公司并未被纳入新公司法所规定的"国家出资公司"范畴。考虑到企业国有资产法系规制国有资产，其更多从"资产"所有权的角度对国有产权进行规制，而公司法则更多地从"公司资本"产权和主体的角度进行规制，因此存在上述差异。

《企业国有资产交易监督管理办法》（国务院国资委、财政部令第32号）（以下简称32号令）第四条：本办法所称国有及国有控股企业、国有实际控制企业包括：（一）政府部门、机构、事业单位出资设立的国有独资企业（公司），以及上述单位、企业直接或间接合计持股为100%的国有全资企业；（二）本条第（一）款所列单位、企业单独或共同出资，合计拥有产（股）权比例超过50%，且其中之一为最大股东的企业；（三）本条第（一）、（二）款所列企业对外出资，拥有股权比例超过50%的各级子企业；（四）政府部门、机构、事业单位、单一国有及国有控股企业直接或间接持股比例未超过50%，但为第一大股东，并且通过股东协议、公司章程、董事会决议或者其他协议安排能够对其实际支配的企业。

根据新公司法附则部分第二百六十五条第二项的规定，控股股东，是指其出资额占有限责任公司资本总额超过百分之五十或者其持有的股份占股份有限公司股本总额超过百分之五十的股东；出资额或者持有股份的比例虽然低于百分之五十，但依其出资额或者持有的股份所享有的表决权已足以对股东会的决议产生重大影响的股东。该规定与 32 号令规定的国有控股企业、国有实际控制企业（若其为公司制法人）是一脉相承的。

理解上述规定，还需要注意以下几点。

1. 新公司法规范的是国家出资公司的组织机构

公司法是一部含有行为规则的商事组织法，其内容包括不同类型的公司如何设立、解散、组织架构如何设置等。在公司法（2018 年修订）中，设专节规范国有独资公司的"设立"和"组织机构"，本次修订，将"设立"的内容统筹到一般公司的规则之中，在规范国家出资公司方面，新公司法主要规范其"组织机构"，即着重规范国家出资公司在组织机构方面的特殊性。

2. 国家出资公司可能仅指的是"一级公司"

根据新公司法第一百六十九条规定，国家出资公司由国务院或地方人民政府代表国家履行出资人职责，享有出资人权益。这类公司是政府履行出资人职责的国有企业一级公司，该企业的下属公司不是公司法规定的国家出资公司。而且，在企业国有资产法中，国有独资公司、国有资本控股公司都被囊括在"国家出资企业"的概念之下。2023 年 9 月 5 日国务院国资委官网刊发的《关于"国家出资企业"如何定义的问题咨询》[①]也给出明确答复,"国家出资企业是指各级国资监管机构代表本级人民政府履行出资人职责的企业,即一级企业,不包含子企业"。

综上,虽然前述两部规范性文件及国务院国资委的答复并未直接定义"国家出资公司",但它们仍为我们理解"国家出资"提供了重要参考。它们所称的"国家出资"可以解读为:由国资机构直接向企业这一层级出资;而"国家出资公司"中的"国家出资"所指,则很有可能也是这一意思。即国家出资的国有独资公司、国有资本控股公司均为各级国资监管机构代表本级人民政府履行出资人职责的独资或国有资本占控股地位的"一级公司"。

但也有观点认为,基于"保证国有资产不流失"的基本原则和审慎考虑,本次新公司法中的"国家出资公司"应包括由国家出资的各级公司,既包括一级公司,也包括由一级公司单

---

① 2023 年 9 月 5 日,国务院国资委官网刊发《关于"国家出资企业"如何定义的问题咨询》,问题:"根据《中华人民共和国企业国有资产法》第五条,国家出资企业,是指国家出资的国有独资企业、国有独资公司,以及国有资本控股公司、国有资本参股公司,即只要含国资属性的就是"国家出资企业",那国家出资企业的子企业也应属于"国家出资企业"范畴。但根据《企业国有资产交易监督管理办法》第六条,"国有资产监督管理机构负责所监管企业的国有资产交易监督管理;国家出资企业负责其各级子企业国有资产交易的管理,定期向同级国资监管机构报告本企业的国有资产交易情况,即该管理办法所称"国家出资企业"是指"各级国务院国资委作为出资人设立的企业"。

回复:"您在我们网站上提交的问题已收悉,现针对您所提供的信息简要回复如下。根据《中华人民共和国企业国有资产法》有关规定,国家出资企业是指国家出资的国有独资企业、国有独资公司,以及国有资本控股、国有资本参股公司。《企业国有资产交易监督管理办法》(国务院国资委财政部令第 32 号)中的国家出资企业的规定与《中华人民共和国企业国有资产法》一致,是指各级国资监管机构代表本级人民政府履行出资人职责的企业,即一级企业,不包含子企业。上述回复仅供参考。欢迎您再次提问。"

独或共同投资的各级子公司。

在具体实务中，关于国家出资公司的范围应如何界定的问题，仍需要相关规定作出进一步解释。

3. 公司法规范的是公司制国家出资企业

公司法规范的是依据公司法设立的营利法人，不规范全民所有制企业、合伙企业等主体。国家出资公司从资本结构上可分为：独资、控股两种；从公司类型上可分为：国家出资的有限公司和股份公司。两两组合，即为以下四种公司：国有独资有限责任公司、国有资本控股的有限责任公司、国有独资股份有限公司、国有资本控股的股份有限公司。

随着新公司法的实施，一人公司突破了有限公司的限制，股东也可以直接成立一人股份有限公司，因此也将存在着国有独资的股份有限公司。

（二）"履行出资人职责的机构"范围回应实践

新公司法第一百六十九条明确了有资格充当履行出资人职责的机构除了国有资产监督管理机构，还包括"其他部门、机构"。在当前实践中，除了各级国务院国资委，党政部门、财政部门、金融部门、公办高校等均有其下属的国资企业。公司法（2018年修订）第六十四条规定，国有独资公司的出资人代表机构只有"本级人民政府国有资产监督管理机构"，即国务院国资委系统，而不包括财政部门等其他部门。由于法律规定与现实情况不符，本次公司法修订实际上回应了国资产权管理的现状。

在实践中，国有资本投资、运营公司已经在推进实施，2018年的《国务院关于推进国有资本投资、运营公司改革试点的实施意见》规定，"国有资本投资、运营公司均为在国家授权范围内履行国有资本出资人职责的国有独资公司。"本次修订法条参照企业国有资产法，从第一百六十九条开始，均使用"履行出资人职责的机构"这个概念，其包括了国有资产监督管理机构以及其他被授权履行出资人职责的部门、机构。

（三）新公司法中明确党对国家出资公司的领导

新公司法的修订旨在明确党组织在国家出资公司内部治理中的领导地位和权责边界，国家出资公司在实务当中，应当将党建工作的总体要求明确地融入公司章程中，并详细规定党组织的职权范围。公司章程，作为企业内部的行为准则，相较于法律具有更高的灵活性和适应性，能够根据市场环境的变迁及时进行完善和调整。通过公司章程的形式明确党委会与公司内部治理机制之间的职权划分，有助于解决目前职权划分不明确等问题。公司章程可以参照《中国共产党国有企业基层组织工作条例（试行）》第十一条至第十五条的规定对党组织在国有企业治理中的职责进行明确。

在涉及国家宏观调控、国家发展战略、国家安全等重大经营管理问题时，企业的重要决策应先由党组织进行深入研究和提出建议，以供董事会参考，然而，最终的决策权仍然掌握在董事会手中。这里需要明确的是，党组织的前置审议并非前置决策，它不能替代其他公司治理主体作出直接决定。如果董事会的决策违反了国家的法律法规或上级的决策精神,党组织有权行使否决权。一旦否决权未被接受,党组织还可以向上级组织报告,以确保企业决策过程的科学性和合规性。

(四)新公司法新增国家出资公司的合规治理要求

新公司法第一百七十七条是新增条款,规定了"国家出资公司应当依法建立健全内部监督管理和风险控制制度,加强内部合规管理。"这是从公司法层面为国家出资公司设置了合规建设的强制性条款。2018 年,国务院国资委印发《中央企业合规管理指引(试行)》,构建了国有企业合规管理的制度 1.0。2022 年,《中央企业合规管理办法》出台,它是国务院国资委针对国有企业合规管理发布的首部部门规章制度,标志着国有企业合规管理工作进入了 2.0 时期。新公司法将国家出资公司的合规要求,从部门规章上升到基础性法律,意味着国有企业合规管理步入 3.0 时代。

三、修订的意义

深化国有企业改革,完善中国特色现代企业制度,贯彻党对国有企业的领导,是新公司法修订的重要目标之一。新公司法以第七章专章十条作出了"国家出资公司组织机构的特别规定",新章对公司法(2018 年修订)第二章"有限责任公司的设立和组织机构"中"国有独资公司的特别规定"专节进行了全面扩展和规制，不仅在位阶较高的法定状态下重塑了国家出资公司的治理机制，平定了长久以来对公司法中"国资去留"之争，还将我国现有国有资产管理体制高度融洽和适配在公司法体系内，对"国家出资"这一特殊出资形式在普遍适用公司规制的同时进行了特殊规范。

四、国有独资公司"三会"的特别规定

（一）股东会

国有独资公司股东会设立新旧法对比表如表 12-1 所示。

表 12-1　国有独资公司股东会设立新旧法对比表

公司法（2018 年修订）	新公司法
第六十六条　国有独资公司不设股东会，由国有资产监督管理机构行使股东会职权。国有资产监督管理机构可以授权公司董事会行使股东会的部分职权，决定公司的重大事项，但公司的合并、分立、解散、增加或者减少注册资本和发行公司债券，必须由国有资产监督管理机构决定；其中，重要的国有独资公司合并、分立、解散、申请破产的，应当由国有资产监督管理机构审核后，报本级人民政府批准 　前款所称重要的国有独资公司，按照国务院的规定确定	第一百七十二条　国有独资公司不设股东会，由履行出资人职责的机构行使股东会职权。履行出资人职责的机构可以授权公司董事会行使股东会的部分职权，但公司章程的制定和修改，公司的合并、分立、解散、申请破产，增加或者减少注册资本，分配利润，应当由履行出资人职责的机构决定

国有独资公司行使股东会职权的机构决定的重大事项相较公司法（2018 年修订），应当由行使股东会职权的机构决定的

重大事项新增了"公司章程的制定和修改"与"分配利润"两项，删除了"重要的国有独资公司的合并、分立、解散、申请破产的，应当由国有资产监督管理机构审核后，报本级人民政府批准"的规定，将企业重要事项的决策权统一归于行使股东会职权的机构，简化了企业的决策程序。

（二）董事会

国有独资公司董事会设立新旧法对比表如表 12-2 所示。

表 12-2　国有独资公司董事会设立新旧法对比表

公司法（2018 年修订）	新公司法	要点
第六十七条　国有独资公司设董事会，依照本法第四十六条、第六十六条的规定行使职权。董事每届任期不得超过三年。董事会成员中应当有公司职工代表 董事会成员由国有资产监督管理机构委派；但是，董事会成员中的职工代表由公司职工代表大会选举产生 董事会设董事长一人，可以设副董事长。董事长、副董事长由国有资产监督管理机构从董事会成员中指定	第一百七十三条　国有独资公司的董事会依照本法规定行使职权 国有独资公司的董事会成员中，应当过半数为外部董事，并应当有公司职工代表 董事会成员由履行出资人职责的机构委派；但是，董事会成员中的职工代表由公司职工代表大会选举产生 董事会设董事长一人，可以设副董事长。董事长、副董事长由履行出资人职责的机构从董事会成员中指定	加强国有独资公司的董事会建设，要求国有独资公司的董事会成员之中，应当过半数为外部董事

由于国有独资公司不设股东会，因此董事会成员不是由股东会选举产生，而是由履行出资人职责的机构委派。董事长、副董事长由履行出资人职责的机构从董事会成员中指定，而不是由董事会选举产生，这充分体现了出资人意志。在实践中，国家出资公司的董事长一般兼任党委书记，而党委书记一般是

中管干部、省管干部或市管干部，因其身份关键，一般不由董事会成员自行选举产生。

就国有独资公司的董事会，新公司法增加了外部董事过半数制度，该制度是新一轮国企改革的重要成果。外部董事由国务院国资委或集团公司委派，不在任职企业领取薪酬，与任职企业不存在劳动合同关系，因此能保持一定的独立性，能够制约经理层和内部董事，实现决策权与经营权分离。

（三）监事会

国有独资公司监事会设立新旧法对比表如表 12-3 所示。

表 12-3　国有独资公司监事会设立新旧法对比表

公司法（2018 年修订）	新公司法
第七十条　国有独资公司监事会成员不得少于五人，其中职工代表的比例不得低于三分之一，具体比例由公司章程规定 监事会成员由国有资产监督管理机构委派；但是，监事会成员中的职工代表由公司职工代表大会选举产生。监事会主席由国有资产监督管理机构从监事会成员中指定 监事会行使本法第五十三条第（一）项至第（三）项规定的职权和国务院规定的其他职权	第一百七十六条　国有独资公司在董事会中设置由董事组成的审计委员会行使本法规定的监事会职权的，不设监事会或者监事

就国有独资公司的监事会，新公司法明确了国有独资公司也可适用"单层制"安排，即以董事会下设审计委员会代替监事会或监事，与其他非国有企业的多元化监督机构相统一。值得注意的是，新公司法删除了公司法（2018 年修订）第七十条有关国有独资公司监事会成员及职权的相关规定，从另一角度

而言，删除有关监事会的规定，以审计委员会的规定来替代，或可体现立法者倾向于国有独资公司不设监事会，改为设立审计委员会的立法态度。从实际情况来看，由于国有独资公司存在"六位一体"的强监督体系，监事会和监事的监督职能很大程度上被党委监督、政府审计监督、巡视巡察所替代，因此国有独资公司采取"单层制"安排的做法，更为科学合理。

五、国有出资企业退出的常见途径

（一）通过进场交易的方式退出

《企业国有资产交易监督管理办法》第三条规定："企业国有资产交易行为包括：（一）履行出资人职责的机构、国有及国有控股企业、国有实际控制企业转让其对企业各种形式出资所形成权益的行为（以下称企业产权转让）；（二）国有及国有控股企业、国有实际控制企业增加资本的行为（以下称企业增资），政府以增加资本金方式对国家出资企业的投入除外；（三）国有及国有控股企业、国有实际控制企业的重大资产转让行为（以下称企业资产转让）。"

根据《企业国有资产法》第五十四条、《企业国有资产交易监督管理办法》第二条的规定，"企业国有资产交易应当在依法设立的产权交易场所（机构）中公开进行"，北京地区的交易场所为北京产权交易所。

根据《企业国有资产法》第五十一条至第五十七条，《企业国有资产交易监督管理办法》第九条至第三十条的相关规定，国有企业产权转让的流程大致如下。

1. 产权转让应当由国有企业按照企业章程和企业内部管理制度进行决策，形成书面决议。国有控股和国有实际控制企业中国有股东委派的股东代表，应当按照本办法规定和委派单位的指示发表意见、行使表决权，并将履职情况和结果及时报告委派单位。国有独资公司的产权转让，应当由董事会审议；没有设立董事会的，由总经理办公会议审议。

2. 国有企业应当按照企业发展战略做好产权转让的可行性研究和方案论证。产权转让涉及职工安置事项的，安置方案应当经职工代表大会或职工大会审议通过；涉及债权债务处置事项的，应当符合国家相关法律法规的规定。

3. 征求公司其他股东过半数同意，公司章程对股权转让另有规定的，从其规定。

4. 报经国有企业的股东同意，或者报经履行出资职责的机构批准。

5. 产权转让事项经批准后，由国有企业委托会计师事务所对转让标的企业进行审计。涉及股权转让不宜单独进行专项审计的，国有企业应当取得转让标的企业的最近一期年度审计报告。

6. 对按照有关法律法规要求必须进行资产评估的产权转让事项，转让方应当委托具有相应资质的评估机构对转让标的进行资产评估，产权转让价格应以经核准或备案的评估结果为基础确定。

7. 转让方可以根据企业实际情况和工作进度安排，采取信息预披露和正式披露相结合的方式，通过产权交易机构网站分阶段对外披露产权转让信息，公开征集受让方。其中正式披露信息时间不得少于二十个工作日。

因产权转让导致转让标的企业的实际控制权发生转移的，转让方应当在转让行为获批后十个工作日内，通过产权交易机构进行信息预披露，时间不得少于二十个工作日。

《北京产权交易所企业国有产权转让操作规则》第七条规定，"转让方应当按照要求向北交所提交预披露信息内容的纸质文档材料，并对预披露的内容和所提交材料的真实性、完整性、准确性负责"；第十七条规定，"转让方应当委托交易服务会员向北交所提交信息披露申请，按照要求提交披露信息内容的纸质文档材料，并对披露内容和所提交材料的真实性、完整性、准确性负责；第二十三条规定，"信息披露公告应当在北交所网站上发布"；第二十四条规定，"信息披露公告时间应当不少于二十个工作日，并以北交所网站发布次日为起始日"。

8.产权转让信息披露期满、产生符合条件的意向受让方的，按照披露的竞价方式组织竞价。竞价可以采取拍卖、招投标、网络竞价以及其他竞价方式，且不得违反国家法律法规的规定。

转让项目自首次正式披露信息之日起超过十二个月未征集到合格受让方的，转让方应当重新履行审计、资产评估以及信息披露等产权转让工作程序。《北京产权交易所企业国有产权转让操作规则》第二十八条的规定与此相同。

《北京产权交易所企业国有产权转让操作规则》第二十六条规定，"信息披露公告期间未征集到符合条件的意向受让方，可以延期或在变更转让底价、变更受让条件后重新进行公告"。

9. 受让方确定后，国有企业与受让方应当签订产权交易合同，交易双方不得以交易期间企业经营性损益等理由对已达成的交易条件和交易价格进行调整。

交易价款原则上应当自合同生效之日起五个工作日内一次付清。金额较大、一次付清确有困难的，可以采取分期付款方式。采用分期付款方式的，首期付款不得低于总价款的30%，并在合同生效之日起五个工作日内支付；其余款项应当提供转让方认可的合法有效担保，并按同期银行贷款利率支付延期付款期间的利息，付款期限不得超过一年。

10. 产权交易合同生效，并且受让方按照合同约定支付交易价款后，产权交易机构应当及时为交易双方出具交易凭证。国有企业和受让方凭产权交易凭证，按照国家有关规定及时办理产权变更登记手续。

（二）通过定向减资的方式退出

1. 作出减少注册资本的股东会决议；根据新公司法第二百二十四条[①]的规定，定向减资的股东会决议，必须经全体股东一致同意。

2. 必须编制资产负债表及财产清单。

3. 应当自股东会作出减少注册资本决议之日起十日内通知

---

① 公司法第二百二十四条，公司减少注册资本，应当编制资产负债表及财产清单。

公司应当自股东会作出减少注册资本决议之日起十日内通知债权人，并于三十日内在报纸上或者国家企业信用信息公示系统公告。债权人自接到通知之日起三十日内，未接到通知的自公告之日起四十五日内，有权要求公司清偿债务或者提供相应的担保。

公司减少注册资本，应当按照股东出资或者持有股份的比例相应减少出资额或者股份，法律另有规定、有限责任公司全体股东另有约定或者股份有限公司章程另有规定的除外。

债权人，并于三十日内在报纸上或者国家企业信用信息公示系统公告。债权人自接到通知书之日起三十日内，未接到通知的自公告之日起四十五日内，有权要求公司清偿债务或者提供相应的担保。

4. 实施减资方案。

5. 依法向公司登记机关办理变更登记。

（三）通过非公开协议转让的方式退出

《企业国有资产交易监督管理办法》第三十一条规定，以下情形的产权转让可以采取非公开协议转让方式："（一）涉及主业处于关系国家安全、国民经济命脉的重要行业和关键领域企业的重组整合，对受让方有特殊要求，企业产权需要在国有及国有控股企业之间转让的，经国资监管机构批准，可以采取非公开协议转让方式；（二）同一国家出资企业及其各级控股企业或实际控制企业之间因实施内部重组整合进行产权转让的，经该国家出资企业审议决策，可以采取非公开协议转让方式。"

在满足上述法律规定条件的情况，可以通过非公开协议转让方式退出。

（四）无偿划转的方式退出

1. 适用范围

企业国有产权（资产）的无偿划转适用于政府机构、事业单位、国有独资企业、国有独资公司及国有全资企业之间①。

2. 可行性研究

企业国有产权无偿划转应当做好可行性研究。

3. 职工安置

所涉及的职工分流安置事项，应当经被划转企业职工代表大会审议通过。

4. 内部决策

划转双方应当在可行性研究的基础上，按照内部决策程序进行审议，并形成书面决议。

划入方（划出方）为国有独资企业的，应当由总经理办公会议审议；已设立董事会的，由董事会审议。划入方（划出方）为国有独资公司的，应当由董事会审议；尚未设立董事会的，由总经理办公会议审议②。

5. 通知债权人

划出方应当就无偿划转事项通知本企业（单位）债权人，并制订相应的债务处置方案。

---

① 《企业国有产权无偿划转管理暂行办法》第二条，本办法所称企业国有产权无偿划转，是指企业国有产权在政府机构、事业单位、国有独资企业、国有独资公司之间的无偿转移。

② 国有独资公司作为划入或划出一方的，应当符合《中华人民共和国公司法》的有关规定。

国务院国资委《关于促进企业国有产权流转有关事项的通知》规定，国有全资企业之间或国有全资企业与国有独资企业、国有独资公司之间，经双方全体股东一致同意，其所持股权可以实施无偿划转。具体程序按照《国有股东转让所持上市公司股份管理暂行办法》（国务院国资委证监会令第19号）、《企业国有产权无偿划转管理暂行办法》（国资发产权〔2005〕239号）的规定办理。

6. 清产核资、财务审计

划转双方应当组织被划转企业按照有关规定审计或清产核资，以中介机构出具的审计报告或经划出方国资监管机构批准的清产核资结果，作为企业国有产权无偿划转的依据。

7. 履行审批或决定程序

一般情况下，企业国有产权在同一国资监管机构所出资企业之间无偿划转的，由所出资企业共同报国资监管机构批准。企业国有产权在不同国资监管机构所出资企业之间无偿划转的，依据划转双方的产权归属关系，由所出资企业分别报同级国资监管机构批准。实施政企分开的企业，其国有产权无偿划转所出资企业或其子企业持有的，由同级国资监管机构和主管部门分别批准。下级政府国资监管机构所出资企业国有产权无偿划转上级政府国资监管机构所出资企业或其子企业持有的，由下级政府和上级政府国资监管机构分别批准。企业国有产权在所出资企业内部无偿转让的，由所出资企业批准并抄报同级国资监管机构。

8. 财务调整、工商登记

划转双方应当依据相关批复文件及划转协议，进行账务调整，按规定办理产权登记手续。

（五）通过解散公司的方式退出的操作流程

1. 有关作出解散、清算的股东会决议，新公司法第六十六条①规定称，公司解散、清算的股东会决议，必须经代表三分之二以上表决权的股东通过。

2. 应当在解散事由出现之日起十五日内成立清算组，开始清算。清算组由董事组成，但是公司章程另有规定或者股东会决议另选他人的除外②。

3. 清算组应当自成立之日起十日内通知债权人，并于六十日内在报纸上或者国家企业信用信息公示系统公告。债权人应当自接到通知书之日起三十日内，未接到通知书的自公告之日起四十五日内，向清算组申报其债权。债权人申报债权，应当说明债权的有关事项，并提供证明材料。清算组应当对债权进行登记。在申报债权期间，清算组不得对债权人进行清偿③。

4. 清算组在清理公司财产、编制资产负债表及财产清单后，

---

① 新公司法第六十六条，股东会的议事方式和表决程序，除本法有规定的外，由公司章程规定。股东会作出决议，应当经代表过半数表决权的股东通过。

股东会作出修改公司章程、增加或者减少注册资本的决议，以及公司合并、分立、解散或者变更公司形式的决议，应当经代表三分之二以上表决权的股东通过。

② 新公司法第二百三十二条，公司因本法第二百二十九条第一款第一项、第二项、第四项、第五项规定而解散的，应当清算。董事为公司清算义务人，应当在解散事由出现之日起十五日内组成清算组进行清算。

清算组由董事组成，但是公司章程另有规定或者股东会决议另选他人的除外。

清算义务人未及时履行清算义务，给公司或者债权人造成损失的，应当承担赔偿责任。

③ 新公司法第二百三十五条，清算组应当自成立之日起十日内通知债权人，并于六十日内在报纸上或者国家企业信用信息公示系统公告。债权人应当自接到通知之日起三十日内，未接到通知的自公告之日起四十五日内，向清算组申报其债权。

债权人申报债权，应当说明债权的有关事项，并提供证明材料。清算组应当对债权进行登记。

在申报债权期间，清算组不得对债权人进行清偿。

应当制订清算方案，并报股东会或者人民法院确认①。

5. 公司清算结束后，清算组应当制作清算报告，报股东会或者人民法院确认，并报送公司登记机关，申请注销公司登记②。

六、司法案例

【案例 12-1】

国有股权转让行为是平等主体之间发生的财产权利转让的民事行为，是可予撤销的行为，债权人可以对此提起民事诉讼

国某发展有限公司与广州市隧某开发公司债权人撤销权纠纷案【最高人民法院（2011）民申字第 434 号】

【案情简介】隧某公司为某市政府全资持股企业，主管部门为某市园林局。1994 年 6 月 8 日，国某公司与隧某公司签订了《关于合作经营珠某路桥及隧道有限公司的合作合同》。

---

① 新公司法第二百三十六条，清算组在清理公司财产、编制资产负债表和财产清单后，应当制订清算方案，并报股东会或者人民法院确认。

公司财产在分别支付清算费用、职工的工资、社会保险费用和法定补偿金，缴纳所欠税款，清偿公司债务后的剩余财产，有限责任公司按照股东的出资比例分配，股份有限公司按照股东持有的股份比例分配。

清算期间，公司存续，但不得开展与清算无关的经营活动。公司财产在未依照前款规定清偿前，不得分配给股东。

② 新公司法第二百三十九条，公司清算结束后，清算组应当制作清算报告，报股东会或者人民法院确认，并报送公司登记机关，申请注销公司登记。

2002 年，双方就该合同发生纠纷申请仲裁，裁决结果为隧某公司向国某公司支付损失费、利息等款项。1996 年 3 月 16 日，隧某公司与华某（香港）公司签署《关于广州华某路桥实业有限公司的合作合同》，约定双方共同合作设立华某路桥公司，隧某公司持股 20%。2005 年 2 月 4 日，隧某公司与园林中心签订《国有资产无偿划转协议书》，约定园林局将隧某公司持有的华某路桥公司的全部中方权益和隧某公司对华某路桥公司的债务无偿划转给园林中心。国某公司认为，隧某公司无偿转让股权的行为严重损害了国某公司的利益，应属可撤销的行为。理由是华某路桥公司投资巨大，预期收益可观，是隧某公司资产的重要组成部分，隧某公司无偿转让股权的行为将导致其无法履行仲裁裁决书中对国某公司的清偿责任。

一审法院认为，国某公司具备行使撤销权的主体资格；二审法院认为，股权转让行为是执行行政指令的行为，不属于可予撤销的行为；最高人民法院再审认为股权转让行为是平等主体之间发生的财产权利转让的民事行为，是可予撤销的行为，裁定指令广东省高级人民法院再审。

【法律分析】国有产权无偿划转中，相关行政机构的主体身份具有双重性，它既是国有企业的出资人，也是行政管理机关。判断国有产权无偿划转行为是否属于行政行为，应视其行为是否具有行政行为的特点、双方的身份是否属于行政机关和行政相对人。在国有产权划转中，相关行政机构履行的是其作为出资人的职责，是一种民事行为，国有企业遵循其指令，是执行出资人的决定，而非执行行政决定。

关于国有产权无偿划转的法律性质，还存在另一种观点，该观点认为，国资管理行为当是行政行为，而不是民事或商事行为。国有产权划转系政府相关机构进行的调整统筹行为，产权的划转需要经过审批程序，其行使了政府相关机构的管理职能，因此国有产权划转是国资管理的一种方式，应当定性为行政行为。相关法律法规也支持了这一观点。（1）《最高人民法院关于审理与企业改制相关的民事纠纷案件若干问题的规定》（2020年修订）第三条规定，政府主管部门在对企业国有资产进行行政性调整、划转过程中发生的纠纷，当事人向人民法院提起民事诉讼的，人民法院不予受理。（2）《最高人民法院关于人民法院是否受理金融资产管理公司与国有商业银行就政策性金融资产转让协议发生的纠纷问题的答复》（最高法院〔2004〕民二他字第25号）明确指出，金融资产管理公司接收国有商业银行的不良资产是国家根据有关政策实施的，具有政府指令划转国有资产的性质。金融资产管理公司与国有商业银行就政策性金融资产转让协议发生纠纷起诉到人民法院的，人民法院不予受理。

【实务建议】企业国有产权无偿划转时，划出方依法应当通知本企业（单位）债权人，但应当注意仅通知并不能实现完全免责，当划转行为有可能损害债权人的利益时，债权人仍有可能通过民事诉讼主张撤销权，由此将导致划转行为被撤销，划转双方对此承担相应责任的后果。因此，仍然需要双方对于目标企业的外部债权人进行确认，尤其对于划出方，应当如实进行债务核查并上报相关主管部门，以确保交易的稳定性。

【案例 12-2】

国有企业股权转让，虽未在产权交易场所公开进行，但获得有关主管机关支持，表明相关财产转让未脱离国有资产监督管理机关的监督，不宜直接认定股权转让行为无效

（一）北京和某投资有限公司等与北京某篮子集团有限公司合同纠纷二审民事判决书【北京市高级人民法院（2020）京民终 175 号】

法院认为，虽然案涉国有资产转让没有在产权交易场所公开进行，但企业国有资产法关于国有资产转让的决定、评估、交易方式等规定，系对履行出资人职责的机构及相关人员行为的规范，是法律对国有资产管理者课以的义务，均属规范内部程序的管理性规定，而非效力性规定，不应影响国有企业与第三人订立合同的效力，且本案不存在恶意串通、低价转让国有资产的情形，亦未损害国家利益、社会公共利益，故某篮子公司关于《合作经营协议书》《2015 年备忘录》《2016 年备忘录》所涉交易未履行公开程序，且损害国有资产权益导致无效的主张，没有事实依据，亦与法律规定不符，法院不予以支持。

（二）珠海某先互联高新技术产业投资中心、某日环保集团股份有限公司等股权转让纠纷民事二审民事判决书【新疆维吾尔自治区高级人民法院（2022）新民终 159 号】

关于《产权交易合同》及《补充协议》的效力问题，一审法院认为，合同无效是对法律行为最为严厉的否定性评价，而鼓励交易则是我国合同法的最基本目的。因此，对于当事人一方主张的合同无效，应本着审慎的态度作出认定，以防止一些当事人滥用"违反国家强制性规定",从而保护诚信的市场交易主体的合法权利。在本案中,各方当事人对于涉案股份系在产权交易机构完成交易并不持异议,《产权交易合同》中亦约定,目标公司,即某日环保集团有限公司的资产已经由资产评估公司出具了相应的资产评估报告。一审法院认为,即便双方当事人在《产权交易合同》签订前已达成投资意向,但整个产权交易的流程合法、完备,仅凭《投资意向协议》签订在先这一事实判断,尚不足以认定当事人后续的行为损害了国家或社会公共利益,从涉案几份合同的签订、履行过程来看,并不符合我国合同法以列举方式规定的几种无效情形之一。因此某日环保集团有限公司、张某某的该项抗辩主张缺乏事实及法律依据,法院不予采纳。一审法院认定《产权交易合同》《补充协议》均合法有效,对合同当事人具有法律约束力。

七、展望

新公司法第七章,"国家出资公司组织机构的特别规定"为国有企业的改革和治理提供了更加明确和具体的法律依据和操作规范。这一章节的规定旨在明确国家出资公司的组织机构和治理机制,促进国有企业的健康、稳定和可持续发展。同时,其也强调了公开透明运营和接受社会监督的重要性,有助于提高国有企业的透明度和公信力。这些规定将为国有企业的改革和治理提供有力的法律保障。

第十三章

公司董监高必知的重大合规义务和风险

在现代公司治理结构中，董事、监事和高级管理人员扮演着至关重要的角色。其不仅是公司的实际经营者、管理者和监督者，亦是公司决策和战略执行的关键力量。然而，随着公司规模的不断扩大和业务的日益复杂，董监高在履行职责的过程中，面临着诸多合规义务和风险。新公司法的修订，特别是从"股东会中心主义"向"董事会中心主义"的转变，进一步强化了董监高的责任和义务。因此，本章旨在深入探讨公司董监高必须了解和遵守的重大合规义务和风险，以期为公司的稳健发展提供有益参考。

一、董监高的忠实义务

忠实义务是董监高在公司治理中必须坚守的基本准则。根据新公司法第一百八十条第一款的规定，董监高对公司负有忠实义务，应当采取措施避免自身利益与公司利益冲突，不得利用职权谋取不正当利益。这一规定明确了董监高在履行职责时，必须以实现公司利益为首要目标，当个人利益与公司利益发生冲突时，应以公司利益为重。

所谓忠实义务，是指董监高经营公司业务，须为实现公司利益而工作，当自身利益与公司利益发生冲突时，应以公司利益为准。新公司法第一百八十一条至第一百八十五条明确列举了董监高应遵守的具体忠实义务情形。

（一）董监高的绝对禁止行为

新公司法第一百八十一条载明，董事、监事、高级管理人员不得有下列行为。

（一）侵占公司财产、挪用公司资金；

（二）将公司资金以其个人名义或者以其他个人名义开立账户存储；

（三）利用职权贿赂或者收受其他非法收入；

（四）接受他人与公司交易的佣金归为己有；

（五）擅自披露公司秘密；

（六）违反对公司忠实义务的其他行为。

本条属于董监高最基本的义务，与原规定相比，新公司法将监事亦纳入了禁止行为的范围，实现了对董监高的一体化规制。董监高在行使职权时，须始终秉持对公司最有利的原则，不得为自身或第三方谋取利益，更不得越权侵占、使用公司财产或泄露公司秘密。

（二）关联交易行为

新公司法第二百六十五条第四项对关联关系作出明确界定，即指公司控股股东、实际控制人、董事、监事、高级管理人员与其直接或者间接控制的企业之间的关系，以及可能导致公司利益转移的其他关系。但是，国家控股的企业之间不仅因为同受国家控股而具有关联关系。

新公司法第一百八十二条规定："董事、监事、高级管理人员，直接或者间接与本公司订立合同或者进行交易，应当就与订立合同或者进行交易有关的事项向董事会或者股东会报告，并按照公司章程的规定经董事会或者股东会决议通过。

"董事、监事、高级管理人员的近亲属，董事、监事、高级管理人员或者其近亲属直接或者间接控制的企业，以及与董事、监事、高级管理人员有其他关联关系的关联人，与公司订立合同或者进行交易，适用前款规定。"

新公司法在对待关联交易问题上展现了其灵活性与审慎并存的立场。它并未一刀切禁止所有关联交易，而是将其决策权下放至公司，让公司根据经营来判断、决定是否接受此类交易，从而确保了决策的合理性。

当董监高涉及与公司之间的直接或间接交易时，其须先行向董事会或股东会报告相关事宜，并严格按照公司章程，通过董事会或股东会的决议流程进行审批。只要这些关联交易经过了必要的报告和审议程序，并获得了相应的批准，那么关联交易就是被允许的。这一制度设计，不仅体现了新公司法的灵活性与包容性，亦可以充分保障公司的利益。

（三）谋取属于公司的商业机会

董监高基于其职务的特殊地位，往往能够率先接触到公司的重要商业机密。然而，一旦董监高私自利用这些关键机会，将无疑对公司的利益构成直接损害。新公司法第一百八十三条针对这一问题作出明确规定，即董监高不得利用职务便利为自己或者他人谋取属于公司的商业机会。不过本条设定了两种例外情形，旨在确保公司在特定情况下能够合理、公平地处理此类业务。

一种情况是，如果董监高希望将某个商业机会用于个人或第三方，其必须首先向董事会或股东会进行报告，并严格按照公司章程，经董事会或股东会正式决议通过。这样的程序性要求，能够确保公司从经营的角度对这些机会进行评估，从而作出对公司最有利的决策。在此过程中，必须注意，对于豁免的授予，应坚持"一事一议"的原则，避免过于笼统的豁免导致公司利益受损。

另一种情况是，如果根据法律、行政法规或公司章程的规定，公司自身由于某些原因（如财务、人力等资源的限制）无法充分利用某个商业机会，那么董监高在报告并获得公司认可后，可以使用该商业机会。但需要强调的是，即便在这种情况下，也建议董监高将商业机会的具体情况、使用计划等详细报告给公司，并确保其决策符合公司的经营判断规则。这样做不仅有助于保护公司的利益，也有助于维护董监高与公司之间的信任关系。

（四）竞业禁止行为

在了解竞业禁止行为前，首先需要厘清一个概念，即竞业禁止行为不同于劳动法意义上的竞业限制，竞业禁止属于公司董监高的法定义务，而竞业限制则针对的是高管及负有保密义务的劳动者。

从公司法的视角来看，竞业禁止的核心含义是，董事、监事和高级管理人员原则上应避免自营或为他人经营与任职公司相同或类似的业务。然而，这并不意味着完全禁止此类行为。在特定情况下，只要他们向公司董事会或股东会报告相关事项，并经过相应的决议程序，他们仍然可以参与同类竞争业务。这一规定具体体现在新公司法第一百八十四条，即"董事、监事、高级管理人员未向董事会或者股东会报告，并按照公司章程的规定经董事会或者股东会决议通过，不得自营或者为他人经营与其任职公司同类的业务"。

新公司法将竞业禁止的适用范围扩展到了监事，实现对董监高人员的一体化规制。在实务操作中，确实存在部分董监高人员自营与公司同类业务，从而损害公司利益的情况，这明显违背了忠实义务。但如果其遵循了规定的报告和决议程序，获得董事会或股东会的批准，这种行为便可以被视为合法。

至于何种情况下需要提交董事会或股东会进行决议，这赋予了公司一定的自主权。公司可以根据自身情况，在章程中明确列出需要特别审议的情形。

（五）注意事项

针对董监高在执行职务时可能涉及的同业竞争、利用公司商业机会或进行关联交易等敏感行为，应强调其必须恪守严格的规范流程。在涉及这些关键决策时，董监高应先履行向董事会或股东会提前报告的义务，确保信息的透明度和公正性。同时，这些决策必须得到董事会或股东会的正式批准。

值得注意的是，任何未经适当报告和批准的行为，一旦给公司带来损失，相关董监高必须承担相应的赔偿责任，此举旨在强化责任意识，维护公司和股东的利益。

此外，在审议前述敏感事项时，存在关联关系的董事必须回避表决，其表决权将不计入表决权总数。这一规定旨在防止潜在的利益冲突，确保决策的公正性。如果出席董事会会议的无关联关系董事人数不足三人，该事项将被提交至股东会进行审议，以确保公司决策机制的健全和有效。

二、董监高的勤勉义务

新公司法第一百八十条第二款对董事、监事、高级管理人员的勤勉义务进行了明确阐述："董事、监事、高级管理人员对公司负有勤勉义务，执行职务应当为公司的最大利益尽到管理者通常应有的合理注意。"这一规定强调了在公司运营中，董监高必须秉持审慎的态度，将公司利益置于首位，并尽到合理的注意义务。

　　勤勉义务是董监高职责的核心要素，贯穿公司治理的方方面面。在履行内部职责时，董监高不仅要具备专业的知识和技能，更要以高度的责任感和敬业精神，确保公司的决策和行动都符合公司的长远利益和最大利益。

　　然而，由于新公司法并未像忠实义务那样对勤勉义务的具体表现进行集中规定，因此在实际操作中，如何认定董监高是否违反了勤勉义务成了一个较为复杂的问题。这通常需要法院在具体案件中进行细致分析和判断，综合考虑各种因素，如董监高的行为动机、决策过程、行为结果等。

　　不过，新公司法关于董监高的勤勉义务散见于其他条款。例如，新公司法第五十一条及第五十二条所规定的董事会催缴义务，就是勤勉义务的具体体现之一。这些条款要求董事会在特定情况下积极履行催缴职责，确保公司的资金安全和正常运营。

　　此外，新公司法第一百八十条第三款亦规定："公司的控股股东、实际控制人不担任公司董事但实际执行公司事务的，适用前两款规定。"这一规定进一步扩大了忠实义务、勤勉义务的适用范围，不仅限于董事、监事、高级管理人员，还包括实际执行公司事务的控股股东和实际控制人。此举体现公司法对公司治理结构的全面规制和对董监高及关键人员的严格要求。

三、董监高的赔偿责任与责任保险

（一）董监高对公司的责任

法律规定了董监高必须恪守的忠实与勤勉义务，这些义务不仅是道德层面的要求，更是法律层面的规制。如新公司法第一百八十六条及第一百八十八条分别规定了公司归入权和董监高对公司的赔偿责任。[①]

1. 公司归入权

当董监高因违法行为而获取不当利益时，公司有权依法行使归入权，将董监高因违法行为所获得的收益归公司所有。这一权利的行使须满足以下条件：首先，适用对象仅限于公司董事、监事及高级管理人员；其次，董监高必须实施了违反法定义务的特定行为，如违反禁止性义务、进行不正当关联交易、夺取公司商业机会或违反竞业禁止规定；最后，董监高必须因此获得利益，且行为与获益之间存在明确的因果关系。[②] 因此，若公司决定行使归入权，其必须提供充分的证据来证明上述条件均已得到满足。

2. 董监高的赔偿责任

新公司法第一百八十八条规定："董事、监事、高级管理人员执行职务违反法律、行政法规或者公司章程的规定，给公

---

① 董监高的赔偿责任散见于新公司法诸多条款，本部分仅单独列明较为重要的两项。

② 邓峰：《普通公司法》，中国人民大学出版社，2009年，第493页。

司造成损失的，应当承担赔偿责任。"这一规定旨在确保公司在遭受损失时能够得到合理的补偿。

然而，在追究董监高责任时，也须考虑到过度苛责可能带来的负面影响，即可能扼杀其积极性和创新精神。[①] 因此，在实务操作中，法院通常参考商业判断原则，综合考虑董监高在决策时是否基于合理判断、是否采取了合理行为以及是否存在主观过错等因素。若董监高的决策符合商业判断原则，即使决策结果导致公司损失，其亦不承担个人赔偿责任。

3. 董事、高管对第三人的责任

新公司法第一百九十一条明确："董事、高级管理人员执行职务，给他人造成损害的，公司应当承担赔偿责任；董事、高级管理人员存在故意或者重大过失的，也应当承担赔偿责任。"这一规定旨在有效遏制公司侵权行为，确保决策者在履行职责时避免不当投机行为，从而维护市场秩序和公平竞争。

从第三人的角度来看，这一规定为其提供了直接的法律途径，使其能够要求造成损害的董事、高级管理人员承担个人责任。这不仅有助于增强第三人的维权意识，也促使其更加积极地保护自身财产和权益。

值得注意的是，本条规定并不涵盖监事，这是由于监事的职责性质使得他们基本上不会在执行职务过程中直接对第三人造成损害。此外，对本条所指的"董事、高级管理人员"，有关

---

① 赵旭东：《新公司法讲义》，法律出版社，2024年，第373页。

部门应作实质理解，即本条包括那些虽然不是名义上的董事或高级管理人员，但实际上行使了相应职责的人员。[①]

（二）责任保险

新公司法第一百九十三条规定："公司可以在董事任职期间为董事因执行公司职务承担的赔偿责任投保责任保险。

"公司为董事投保责任保险或者续保后，董事会应当向股东会报告责任保险的投保金额、承保范围及保险费率等内容。"

董事责任保险此前多被上市公司青睐，这主要是因为上市公司在履行职责过程中面临的风险相对较高。然而，新公司法的出台，将这一保险的适用范围扩展至所有类型的公司，为各类企业的董事提供了更加全面和有效的风险保障。

此条款的设立，实际上赋予了公司一种为董事因执行职务所产生的赔偿责任进行投保的权利。通常而言，董事在履职过程中产生的赔偿责任，最终会由公司来承担，因此，由公司为董事投保责任保险，无疑能在一定程度上减轻公司的运营风险，确保公司财务的稳定性和业务的连续性。

在是否决定投保的问题上，根据"董事会中心主义"的原则，董事会作为公司治理的核心机构，其应当承担决策责任。然而，如果公司章程中有关于此事的特别规定，那么公司应当遵循章程中的条款进行决策。

[①] 刘斌：《重塑董事范畴：从形式主义迈向实质主义》，《比较法研究》，2021年第5期。

四、司法案例

【案例 13-1】

西安陕某汽轮机有限公司、高某某等公司关联交易损害责任纠纷民事再审民事判决书【最高人民法院民事判决书（2021）最高法民再 181 号】

【事实认定】2009 年 5 月 26 日，陕某汽轮机公司（以下简称陕某汽轮机公司）注册成立。公司初始股东西安陕某动力股份有限公司、西安和某动力科技有限公司、西安新某义机械设备有限公司、姜某某、颉某某。陈某某任公司法定代表人、董事长，高某某、姜某某、颉某某、程某任公司董事，姜某某被聘用为公司总经理。

2011 年 7 月 8 日，陕某汽轮机公司召开第二届第一次股东会议，决议变更陈某某为公司法定代表人、董事长，高某某为副董事长、总经理，公司监事会成员为姜某某、李某、任某某，董事会成员为陈某某、高某某、牛某某、程某、颉某某。

2011 年 10 月 9 日，陕某汽轮机公司聘任程某兼任总装试车车间代主任。

2012 年 2 月 1 日，解聘程某兼任的总装车间代主任职务。

2012 年 6 月 7 日，陕某汽轮机公司成立销售部，聘任程某为部长（兼）。陕某汽轮机公司《公司章程》第三十四条规定，公司高级管理人员（即经营层）包括：总经理 1 人、副总经理若干人、总工程师 1 人、财务负责人 1 人。

《公司章程》第三十六条规定，董事及公司经营层人员不得自营或者为他人经营与本公司同类的业务或者从事损害本公司利益的活动。从事上述业务或者活动的，所有收入应当归公司所有。董事及公司经营层人员除《公司章程》规定或者股东会同意外，不得同本公司订立合同或者进行交易。董事及公司经营层人员执行公司职务时违反法律、行政法规或者《公司章程》的规定，给公司造成损害的，应当依法承担赔偿责任。

2009 年 5 月 12 日，杭州钱某机电有限公司（以下简称钱某公司）注册成立，经营范围包括批发零售、机电设备（除专控）、仪器仪表、工程成套设备、机械设备，以及其他无须报经审批的一切合法项目。黄某任公司法定代表人，股东黄某、高某某、程某和张某出资额分别为 20 万元、10 万元、10 万元、10 万元，持股比例分别为 40%、20%、20%、20%。2009 年 11 月 25 日，钱某公司召开股东会，将法定代表人变更为张某，股权变更后高某某、程某、张某、包某某出资额分别为 20 万元、10 万元、10 万元、10 万元，持股比例分别为 40%、20%、20%、20%。

2010 年至 2015 年 5 月，陕某汽轮机公司与钱某公司共签订采购合同近 2100 份，总额约为 2.5 亿元。因交易时间长且交易金额高，陕某汽轮机公司对此存疑，认为高某某、程某未履行关联交易披露义务，损害了公司利益。

陕某汽轮机公司向一审法院起诉请求：一、由高某某、程某向陕某汽轮机公司连带赔偿 3331 万元；二、本案诉讼费由高某某、程某共同承担。

【法院说理】一审法院认为，本案属于公司关联交易损害责任纠纷。争议焦点是陕某汽轮机公司与钱某公司之间的采购行为是否属于关联交易；若属于关联交易，则案涉关联交易是否损害了陕某汽轮机公司的利益。

一审法院驳回了陕某汽轮机公司的全部诉讼请求，认为陕某汽轮机公司提供的证据无法证明高某某、程某违反了忠诚义务，损害了公司利益。

二审法院查明，一审判决根据钱某公司资产负债表中未分配利润数额简单相加，得出钱某公司存续期间合计利润为7 578 851.41元的结论不符合会计准则，予以纠正。同时认为，钱某公司与陕某汽轮机公司之间关联交易的期间为2009年至2015年6月，涉及约2100份采购合同，采购金额总计高达2.5亿元，而从钱某公司存续期间的资产负债表来看，其经营利润符合正常的商业规律，通过其历年的资产负债表亦不能判断案涉关联交易有失公允。因此，陕某汽轮机公司主张的钱某公司所获利润是其多支出的采购成本，属于其损失的理由无事实及法律依据，其上诉理由不能成立。

再审法院认为，陕某汽轮机公司与钱某公司之间的交易构成关联交易，高某某、程某未履行披露义务，违反了忠诚义务。具体理由是，该案的关联交易价格不符合市场公允价格，高某某、程某的行为与陕某汽轮机公司损害结果的发生有因果关系。

最终，再审法院判决撤销一审和二审判决，判决高某某、程某赔偿陕某汽轮机公司损失7 064 480.35元。

【实务建议】结合以上案例，公司董事及高级管理人员在涉及关联交易时，应确保充分披露交易信息，避免违反忠诚义务，而且要确保交易价格符合市场公允价格，避免因价格问题损害公司利益。

【案例 13-2】

北京某森股权投资有限公司与刘某某等损害公司利益责任纠纷二审民事判决书【北京市高级人民法院民事判决书（2020）京民终 696 号】

【事实认定】北京某森股权投资有限公司（以下简称某森公司）系有限责任公司。某森公司于 2018 年 2 月 7 日在北京市工商行政管理局备案的《公司章程》载明：依据公司法（2018 年修订）及有关法律、法规的规定，由刘某某、王某某、郑某某、司某、郝某某、万某合伙企业、深圳某海康达科技创业投资合伙企业（为有限合伙企业，以下简称康达合伙企业）等 7 方共同出资，设立某森公司。

公司注册资本为 1095 万元人民币，股东均以货币方式出资，认缴出资额如下：刘某某 671.49 万元，王某某 126.17 万元，郑某某 25 万元，司某 20 万元，郝某某 16.67 万元，万某合伙企业 219 万元，某海康达合伙企业 16.67 万元。

李某某为某森公司法定代表人、执行董事，王某某为某森公司监事。

2019 年 8 月 5 日，王某某向某森公司及李某某、刘某某发送《关于监事开展监督检查的通知》（以下简称《通知一》），通知其行使监事职权。

2019 年 8 月 8 日，王某某向某森公司及李某某、刘某某发出回函，回复监事检查工作所涉及的具体公司名称、检查工作开展的人员及组成、费用及承担、查验及保密工作、监事工作报告等，但未对 10 万元审计费用进行讨论的事项作出回复。

2019 年 8 月 12 日，王某某向某森公司及李某某、刘某某发送《关于公司开展审计监督检查所需明细材料的通知》（以下简称《通知二》），通知公司及李某某、刘某某及各位股东，请上述人员于 2019 年 8 月 21 日之前准备完毕，并按照检查通知的要求将有关资料放至指定地点以供核查。

2019 年 9 月 5 日，郑某某、司某向王某某发出起诉通知书，载明：某森公司执行董事（法定代表人）李某某先生和公司实际控制人（第一大股东）刘某某女士无视《通知一》，公然违反对公司的勤勉、忠实义务，违法行使职权且不正常履行职责，严重违反了法律、行政法规、公司章程和公司的规章制度，已经给公司和其他股东的利益造成了严重损害（监事行使职权支付的会计师、律师费用，共计 15 万元）。

【法院说理】王某某作为公司监事，以公司名义对公司执行董事李某某、公司控股股东刘某某提起损害公司利益赔偿责任纠纷之诉，属于公司对董事、高级管理人员提起的侵权损害赔偿诉讼。

一审法院的争议焦点为：一、本案原、被告主体是否适格；二、李某某、刘某某是否违反了忠实、勤勉义务，即某森公司所主张的 15 万元是否系二人造成的实际损失；三、李某某、刘某某应否承担如实提供监事履行职权所需资料的责任。

一审法院认为，某森公司未能证明李某某、刘某某违反了忠实、勤勉义务，二审法院确认了一审法院查明的事实，同时补充查明了某森公司在一审判决后发出的函件，认为某森公司提交的新证据与本案争议无直接关联性，二审法院维持了一审判决，驳回了某森公司的上诉请求。

二审法院明确界定了董事、高级管理人员勤勉义务和忠实义务的范围，忠实义务要求董事、高级管理人员在管理公司、经营业务、履行职责时，必须代表全体股东为公司最大利益而努力工作，当自身利益与公司利益发生冲突时，必须以公司利益为重，不得将自身利益置于公司利益之上。

董事、高级管理人员的勤勉义务要求行为人在履行其职责时，必须表现出一般审慎者处于相似位置、在类似情况下所表现出来的勤勉、智慧和技能，同时，在从事公司经营管理活动时，董监高应当恪尽职守，尽到其所应具有的经营管理水平。

因此，认定董事、高级管理人员是否违反勤勉义务，应当以其职责范围来判断。

另外，忠实、勤勉义务的判断包括主观和客观两个方面，在主观上，应当要求高级管理人员不存在重大过失。只要董事、公司高级管理人员尽到了适当的注意义务，按照公司的日常运作模式发挥了管理作用，且已根据公司决策认真执行方案，法院就不宜对公司的内部行为过多干涉。法院应结合案件的具体情况，根据主客观相结合的标准进行衡量，只有在属于重大过失、过错的情形下，才能直接认定董事、高级管理人员的行为构成了违反忠实、勤勉义务。

本案还须考虑某森公司是否存在损失。公司损失与某森公司所主张的董事、高级管理人员违反忠实义务及勤勉义务之间是否存在因果关系。

应注意的是，即使公司存在损失，也只有在公司的损失系因董事、高级管理人员违反忠实、勤勉义务而导致的情况下，才应由董事、高级管理人员承担赔偿责任。因果关系的争议主要源于应由谁举证证明，是由公司举证证明损失系因董事、高级管理人员违反忠实、勤勉义务的行为造成的，还是由董事、高级管理人员举证证明公司的损失与其行为无关。

在判断董事、高级管理人员是否损害公司利益时，应审查董事、高级管理人员是否违反了忠实、勤勉义务，鉴于公司与董事、高级管理人员之间的信任关系，应当由主张董事、高级管理人员违反忠实、勤勉义务的公司承担相关举证责任。

【实务建议】在起诉过程中，涉案方要准确理解并界定董事、高级管理人员忠实、勤勉义务的具体范围，确保诉求的合理性。同时，法院应考虑主观与客观相结合，即在举证和证明董监高违反忠实、勤勉义务时，应从主观和客观两个方面入手，既要证明董监高存在重大过失，也要证明其未按照职责要求履职。

鉴于公司与董事、高级管理人员之间的信任关系，公司应承担证明董事、高级管理人员违反忠实、勤勉义务的举证责任。因此，在提起诉讼前，公司应充分准备相关材料，做好举证工作。

第十四章

公司合并、分立、增资、减资的重大变化

一、概述

　　为了给公司的持续稳定运营提供更加灵活、有力的法律保障，新公司法第十一章"公司合并、分立、增资、减资"对公司合并、分立以及增减资在原有法律的基础上进行了一些修订。该章节共十一个条款，其中三个条款为新增条款，两个条款为对原有法律相关规定的修订，六个条款进行了文字微调或与原条款保持一致。

二、合并

（一）合并类型

　　对于公司合并，根据我国新公司法第二百一十八条，"公司合并可以采取吸收合并或者新设合并。一个公司吸收其他公司为吸收合并，被吸收的公司解散。两个以上公司合并设立一个新的公司为新设合并，合并各方解散。"新公司法第二百二十一条对合并后债权债务的承继作出规定，"公司合并时，合并各方的债权、债务，应当由合并后存续的公司或者新设的公司承继。"

（二）合并程序

随着市场经济的发展和公司制度的完善，我国公司合并制度也在不断地修订完善。早期的公司法对公司合并的规定相对简单，主要侧重于合并程序和债权人保护。而随着 2005 年和 2018 年公司法的修订，制度逐渐完善，增加了对合并后公司股东权益的保护、合并程序的详细规定等内容。

根据新公司法规定，公司合并、分立、解散或者变更公司形式的决议，有限责任公司应当经代表三分之二以上表决权的股东通过，股份有限公司应当经出席会议的股东所持表决权的三分之二以上通过。

对于合并程序，新公司法第二百二十条规定："公司合并，应当由合并各方签订合并协议，并编制资产负债表及财产清单。公司应当自作出合并决议之日起十日内通知债权人，并于三十日内在报纸上或者国家企业信用信息公示系统公告。债权人自接到通知之日起三十日内，未接到通知的自公告之日起四十五日内，可以要求公司清偿债务或者提供相应的担保。"本次修订新增了合并应在国家企业信用信息公示系统公告的程序，但其他程序不变，如应签订合并协议，编制资产负债表及财产清单，履行通知程序，债权人可以要求公司清偿债务或提供担保。

新公司法对公司合并的意义和规定作了进一步的明确和强化，简化了部分合并程序。

第二百一十九条规定："公司与其持股百分之九十以上的公司合并，被合并的公司不需经股东会决议，但应当通知其他股东，其他股东有权请求公司按照合理的价格收购其股权或者股份。

"公司合并支付的价款不超过本公司净资产百分之十的，可以不经股东会决议；但是，公司章程另有规定的除外。

"公司依照前两款规定合并不经股东会决议的，应当经董事会决议。"

该规定针对某些特定情形的合并（即简易合并及小规模合并），减少了股东会决议的程序要求，避免因实施无意义的程序而影响合并效率，同时为兼顾中小股东权益的保护，该规定引入了异议股东的回购请求权，这是对公司合并制度的重要补充。此外，中小股东希望在未来公司合并中保留表决权的，可以在公司章程的起草或修改时约定：小规模合并仍需要股东会决议方能通过。

对于合并后债权债务的承担，新公司法第二百二十一条规定："公司合并时，合并各方的债权、债务，应当由合并后存续的公司或者新设的公司承继。"

公司合并不仅关系到公司的战略调整和资源优化，还涉及股东、债权人等多方面的利益。我国公司法对公司合并的规定从早期的简单规定演变到后期的逐步完善和细化，体现了法律对市场经济发展需求的响应和对各方利益平衡的考虑。

三、分立

（一）分立类型

公司分立是指一个公司依法依规，经股东会决议通过，将其分成两个或多个公司的行为。不同于合并，新公司法未明确规定公司分立的形式，一般以原公司是否存续将公司分立分为存续分立和解散分立。（1）存续分立又称派生分立，是指一个公司分离成两个以上公司，本公司继续存在并设立一个以上新的公司。新公司取得法人资格，原公司也继续保留法人资格。（2）解散分立又称新设分立，是指一个公司分散为两个以上公司，本公司解散并设立两个以上新的公司。新设分立，是以原有公司的法人资格消灭为前提，成立新公司。

（二）分立程序

分立与合并一样，有限责任公司应当经代表三分之二以上表决权的股东通过，股份有限公司应当经出席会议的股东所持表决权的三分之二以上通过。

对于分立后债务承担，新公司法第二百二十三条规定："公司分立前的债务由分立后的公司承担连带责任。但是，公司在分立前与债权人就债务清偿达成的书面协议另有约定的除外。"

同合并一样，新公司法对分立的程序亦作出了严格的规定，第二百二十二条规定："公司分立，其财产作相应的分割。

公司分立，应当编制资产负债表及财产清单。公司应当自作出分立决议之日起十日内通知债权人，并于三十日内在报纸上或者国家企业信用信息公示系统公告。"本次公司法修订对于分立同合并一样，也新增在国家企业信用信息公示系统公告程序，但其他程序不变：编制资产负债表及财产清单，十日内通知债权人，三十日内在报纸上或者国家企业信用信息公示系统公告。

对于合并、分立，为了保护小股东的权益，新公司法均规定了公司在特定情况下应当按照合理价格收购异议股东股权，该法第八十九条规定："有下列情形之一的，对股东会该项决议投反对票的股东可以请求公司按照合理的价格收购其股权……（二）公司合并、分立、转让主要财产……公司因本条第一款、第三款规定的情形收购的本公司股权，应当在六个月内依法转让或者注销。"第一百六十二条规定："公司不得收购本公司股份。但是，有下列情形之一的除外……（四）股东因对股东会作出的公司合并、分立决议持异议，要求公司收购其股份……属于第二项、第四项情形的，应当在六个月内转让或者注销。"

四、增资

（一）优先认购权

增加目标公司注册资本可以有效扩大目标公司的资金规模（但以资本公积金、留存收益转增的除外）。

新公司法第二百二十七条规定："有限责任公司增加注册

资本时，股东在同等条件下有权优先按照实缴的出资比例认缴出资。但是，全体股东约定不按照出资比例优先认缴出资的除外。股份有限公司为增加注册资本发行新股时，股东不享有优先认购权，公司章程另有规定或者股东会决议决定股东享有优先认购权的除外。"

本次修订，对有限责任公司增资未作实质修改。但对于股份有限公司增资，本次公司法明确规定，其与有限责任公司股东在增资时享有优先认购权不同，一般情况下，股份有限公司股东在增加注册资本发行新股时，股东不享有优先认购权，但是，公司章程、股东会可以对上述原则进行例外规定或决议。

（二）缴纳新增注册资本的规定

新公司法第二百二十八条规定："有限责任公司增加注册资本时，股东认缴新增资本的出资，依照本法设立有限责任公司缴纳出资的有关规定执行。股份有限公司为增加注册资本发行新股时，股东认购新股，依照本法设立股份有限公司缴纳股款的有关规定执行。"

根据本条规定，有限责任公司增资时，股东认缴新增资本的出资，按照新设有限责任公司缴纳出资的规定，五年内缴足。股份有限公司增资时，股东认购新股按照新设股份有限公司缴纳股款的规定，在发起人认购的股份缴足前，不得向他人募集股份。

在公司增资的实务过程中，溢价增资是常见现象，即出资者所投入资金既包含目标公司注册资本增加部分，也包含投资溢价部分，投资溢价部分不作为注册资本而列入资本公积。《最高人民法院关于适用〈中华人民共和国公司法〉若干问题的规定（三）》第十三条第二款规定："公司债权人请求未履行或者未全面履行出资义务的股东在未出资本息范围内对公司债务不能清偿的部分承担补充赔偿责任的，人民法院应予支持。"根据相关案例来看，股东"出资义务"仅针对注册资本，不包含投资溢价部分，因注册资本是公司对外承担责任的最大限额。例如，有限责任公司股东在签订增资协议后，仅足额缴纳注册资本的增资部分，而未足额支付进入资本公积部分的认购款，尽管违反了协议规定，但该股东无须向债权人承担补充赔偿责任。

例如，北京市大兴区人民法院作出的（2021）京0115民初6563号《沧州某铁装备制造材料有限公司与北京某真融科技有限公司等案外人执行异议之诉一审民事判决书》中认定："《最高人民法院关于民事执行中变更、追加当事人若干问题的规定》第十七条的规定，'作为被执行人的企业法人，财产不足以清偿生效法律文书确定的债务，申请执行人申请变更、追加未缴纳或未足额缴纳出资的股东、出资人或依公司法规定对该出资承担连带责任的发起人为被执行人，在尚未缴纳出资的范围内依法承担责任的，人民法院应予支持'。《最高人民法院关于适用〈中华人民共和国公司法〉若干问题的规定（三）》第十三条规定，'公司债权人请求未履行或者未全面履行出资义务的股东在未出资本息范围内对公司债务不能清偿的部分承担补充赔偿责任的，人民法院应予支持'。"沧州某铁未按增资协议约定实缴全部资本公积金的情况，是否可以被认定为未履行出资义务并适用上述规定？法院认为，根据公司法（2018年修订）第二十八条第一款规定，"股东应当按期足额缴纳公司章程中规定的各自所认缴的出资额。"第二十八条第二款规定，"股东不按照前款规定缴纳出资的，除应当向公司足额缴纳外，还应当向已按期足额缴纳出资的股东承担违约责任。"第三十条规定，"有限责任公司成立后，发现作为设立公司出资的非货币财产的实际价额显著低于公司章程所定价额的，应当由交付该出资的股东补足其差额；公司设立时的其他股东承担连带责任。"上述法条规定了出资义务的判断标准在于章程规定，股东是否履行妥当出资义务，承担出资责任以是否满足章程规定为依据。涉案股权溢价或资本公积金并非记载于公司章程，上述出资义务系通过增资协议约定，并未对外公示，仅系约定义务。对于涉案公司主张的股东应当对股权溢价款不到位部分于范围内承担赔偿责任的意见，没有法律依据，法院不予采信。

据此，新公司法第二百二十八条要求，增资时，有限责任公司股东须五年内完成出资义务。股份有限公司在发起人认购的股份缴足前，不得向他人募集股份。若存在溢价出资的情况，该出资义务理应仅指针对注册资本，不包括投资溢价的部分，建议股东从履行出资义务及避免后续争议的角度出发，如出资款分期支付的，可在前期出资时注明该出资为注册资本。

五、减资

（一）减资的程序及方式

新公司法第二百二十四条规定："公司减少注册资本，应当编制资产负债表及财产清单。

"公司应当自股东会作出减少注册资本决议之日起十日内通知债权人，并于三十日内在报纸上或者国家企业信用信息公示系统公告。债权人自接到通知之日起三十日内，未接到通知的自公告之日起四十五日内，有权要求公司清偿债务或者提供相应的担保。

"公司减少注册资本，应当按照股东出资或者持有股份的比例相应减少出资额或者股份，法律另有规定、有限责任公司全体股东另有约定或者股份有限公司章程另有规定的除外。"

该条规定新增在国家企业信用信息公示系统公告的步骤，但基本程序不变，须编制资产负债表及财产清单，股东会作出决议，十日内通知债权人，三十日内进行公告。该条规定第三款为保护小股东权益，规定了在一般情况下，公司减资的方式为：应当按照股东出资或者持有股份的比例相应减少出资额或者股份，如需要定向减资，有限责任公司全体股东应一致同意，股份有限公司章程则应对此有特殊约定。

公司法（2018年修订）对减资方式并未作出明确规定，所以实践中确实存在一定争议，如果在不等比减资过程中，仍采用资本多数决，则很可能大股东在股东会形成决议过程中滥用该原则，利用资本多数决实施旨在损害公司少数股东利益甚至公司利益的行为，因此资本多数决原则亦应受到一定的限制，在不同比减资决议过程中应予以禁止。

江苏省无锡市中级人民法院作出的（2017）苏 02 民终 1313 号《陈某某与江阴某通实业有限公司公司决议效力确认纠纷二审民事判决书》中认为，"本案中，某通公司未通知陈某某参加股东会，而直接作出关于减资的股东会决议，从形式上看仅仅是召集程序存在瑕疵，但从决议的内容看，某通公司股东会作出的关于减资的决议已经违反法律，陈某某可以请求确认该股东会决议无效。理由如下：（1）公司法规定，股东会会议作出减少注册资本的决议，必须经代表三分之二以上表决权的股东通过。该规定中的'减少注册资本'仅指公司减少注册资本，而并非涵括减资在股东之间的分配。由于减资存在同比减资和不同比减资两种情况，不同比减资会直接突破公司设立时的股权分配情况，如果只要经三分之二以上表决权的股东通过就可以作出不同比减资的决议，实际上是以多数决的形式改变公司设立时经发起人一致决所形成的股权架构，故对于不同比减资，应由全体股东一致同意，除非全体股东另有约定。（2）某通公司在对部分股东进行减资，而未对陈某某进行减资的情况下，不同比减资导致陈某某持有的某通公司股权从 3% 增加至 9.375%，而从某通公司提供的资产负债表、利润表看，某通公司的经营显示为亏损状态，故陈某某持股比例的增加在实质上增加了陈某某作为股东所承担的风险，损害了陈某某的股东利益。（3）股东应当遵守法律、行政法规和公司章程，依法行使股东权利，不得滥用股东权利损害公司或者其他股东的利益。而某通公司召开的四次股东会均未通知陈某某参加，并且利用大股东的优势地位，以多数决的形式通过了不同比减资的决议，直接剥夺了陈某某作为小股东的知情权、参与重大决策权等程序权利，也在一定程度上损害了陈某某作为股东的实质利益。"

上海市第一中级人民法院作出的（2018）沪01民终11780号《华某某诉上海某甲虫电子商务有限公司公司决议纠纷一案二审民事判决书》中认为，"首先，股权是股东享受公司权益、承担义务的基础，由于减资存在同比减资和不同比减资两种情况，不同比减资会直接突破公司设立时的股权分配情况，如只须经三分之二以上表决权的股东通过即可作出不同比减资决议，实际上是以多数决形式改变公司设立时经发起人一致决所形成的股权架构，故对于不同比减资，在全体股东或者公司章程另有约定除外，应当由全体股东一致同意。本案中，某甲虫公司的股东中仅有某某公司进行减资，不同比的减资导致华某某的股权比例从24.47%上升到25.32%，该股权比例的变化并未经华某某的同意，违反了股权架构系各方合意结果的基本原则。其次，某甲虫公司的财务报表显示，某甲虫公司出现严重亏损状况，华某某持股比例的增加在实质上增加了华某某作为股东所承担的风险，在一定程度上损害了华某某的股东利益。涉案股东会决议的第一、三、四项均涉及减资后股权比例的重新分配以及变更登记，在未经华某某同意的情形下，视为各股东对股权比例的架构未达成一致意见，该股东会决议第一、三、四项符合《最高人民法院关于适用〈中华人民共和国公司法〉若干问题的规定（四）》第五条第五项规定的'导致决议不成立的其他情形'。"

公司法（2018 年修订）并未对非等比例减资作出规定，如果按照公司法（2018 年修订）第四十三条的规定，公司减少注册资本，只须经代表三分之二以上表决权的股东通过，这就可能会导致大股东采取定向减资（非等比例减资）的方式来损害小股东的利益。在公司经营状况良好时，大股东通过非等比例减资减少小股东的持股比例，进而减少小股东的分红；而在公司经营状况不佳时，大股东则通过非等比例减资提高小股东的持股比例，进而增加其承担的责任。为此，新公司法明确公司减资以等比例减资为原则，在符合"法律另有规定"或"有限责任公司全体股东另有约定"或"股份有限公司章程另有规定"的情况下，公司可以不按股东持股比例减资，以此保护中小股东权益。

（二）新增简易减资制度

新公司法新增公司减资的特殊规定，第二百二十五条规定："公司依照本法第二百一十四条第二款的规定弥补亏损后，仍有亏损的，可以减少注册资本弥补亏损。减少注册资本弥补亏损的，公司不得向股东分配，也不得免除股东缴纳出资或者股款的义务。

"依照前款规定减少注册资本的，不适用前条第二款的规定，但应当自股东会作出减少注册资本决议之日起三十日内在报纸上或者国家企业信用信息公示系统公告。

"公司依照前两款的规定减少注册资本后，在法定公积金和任意公积金累计额达到公司注册资本百分之五十前，不得分配利润。"

新公司法规定公司的公积金（法定公积金、任意公积金、资本公积金）可以弥补亏损。如果公积金不足以弥补公司亏损，公司可以通过减少注册资金来弥补亏损。只不过这种减资方式并不是真正的减资，减资以后不能向股东分红，而且股东的出资义务也并不能免除。如果公司要通过减少注册资金来弥补亏损，其不需要通知债权人，但是必须在报纸或者国家企业信用信息公示系统上进行公示。如果公司通过减少注册资金弥补亏损，那么在公司的法定公积金和任意公积金累计额达到公司注册资本百分之五十前，公司不能再向股东分配利润。

（三）新增违规减资后果

新公司法新增违法减资的后果，第二百二十六条规定："违反本法规定减少注册资本的，股东应当退还其收到的资金，减免股东出资的应当恢复原状；给公司造成损失的，股东及负有责任的董事、监事、高级管理人员应当承担赔偿责任。"

违反新公司法规定减资的，股东应当退还收到的资金，给公司造成损失的，应当承担赔偿责任。如果董监高怠于履行相应职责，他们同样需要对公司的损失承担赔偿责任。

减资是公司战略调整中的一个重要手段，新公司法借鉴了实践中的主流观点与方法，为减资过程中常见问题的处理提供了明确的法律依据。新公司法明确减资程序的具体执行，非同比减资的适用规则以及违法减资责任的认定标准等问题。企业进行减资应审慎行事，梳理公司债权债务结构并结合公司的经营情况制订相关方案，遵循法定程序。

第十五章

完善公司退出机制，
优化公司解散与清算

随着市场经济的发展和企业竞争的日趋激烈，公司退出机制作为市场自我净化、资源优化配置的关键环节，其完善与优化愈发凸显出其重要性。新公司法的出台，不仅为企业解散与清算设定了更为清晰、具体的条件和程序，亦进一步强化了责任与权益的保护机制，从而确保公司在退出市场时能够遵循更为有序、高效的清算和交接流程。在这一全新的法律背景下，如何进一步完善和优化公司退出机制，确保企业能够平稳、有序地退出市场，已成为亟待解决的课题。

一、公司解散

公司解散，是指已成立的公司因发生法律或章程规定的解散事由而停止公司的对外经营业务活动，并开始公司清算，处理未了结事务从而使公司法人资格消灭的法律行为。公司解散是公司终止程序中的一个环节，公司解散并不立即导致公司法人人格的消灭，公司应当停止积极的营业活动，进入清算程序，了结公司既有的法律关系，并将剩余财产分配给股东。

新公司法第二百二十九条明确规定了公司解散的原因。

（一）公司章程规定的营业期限届满或者公司章程规定的其他解散事由出现；

（二）股东会决议解散；

（三）因公司合并或者分立需要解散；

（四）依法被吊销营业执照、责令关闭或者被撤销；

（五）人民法院依照本法第二百三十一条的规定予以解散。

公司出现前款规定的解散事由，应当在十日内将解散事由通过国家企业信用信息公示系统予以公示。

从法律解释的角度来看，这些解散原因可以整体归纳为自愿解散和强制解散两大类。

（一）自愿解散

1. 公司章程规定的解散事由出现

公司营业期限通常由公司章程规定，当期限届满时，公司应当解散。此外，为了维护公司的自治权利，公司章程也可以规定其他解散事由。当这些特定解散事由出现时，公司也应当依法解散。这些解散事由可能包括公司经营目标无法实现、公司亏损达到预设标准等。

然而，需要注意的是，公司章程规定的解散事由不得违反法律、行政法规的强制性规定。例如，如果公司章程规定的解散事由违反了公司法（2018 年修订）中关于公司存续条件的规定，那么该解散事由将可能被认定为无效。

如果公司出现了上述解散事由，但尚未向股东分配财产，根据新公司法第二百三十条的规定，公司可以通过修改公司章程或者经股东会决议而存续。这一规定为公司提供了一定的灵活性，使得公司可以在特定情况下继续运营。

2. 股东会决议解散

如果公司章程没有规定解散事由，或者规定的解散事由尚未出现，但股东会认为公司应当解散，那么可以通过股东会决议来解散公司。股东会决议解散属于公司重大事项，应当经过特别决议程序。在有限责任公司中，需要经过三分之二以上表决权的股东通过；在股份有限公司中，则需要经出席会议的股东所持表决权的三分之二以上通过。

需要注意的是，股东会决议解散也应当遵守法律、行政法规的相关规定。比如，如果公司的解散会影响社会公共利益或者债权人的合法权益，那么应当提前通知相关利害关系人并进行公示。

3. 因公司合并或者分立需要解散

公司合并或分立是公司运营过程中常见的重大事项。当公司需要进行合并或分立时，可能需要解散原有的公司。在这种情况下，公司应当按照法定程序进行清算，并妥善处理与合并或分立相关的各项事宜。

（二）强制解散

公司的解散并非总是出于自愿。在某些情况下，由于法律、政策或公司内部的问题，公司可能会被强制解散。强制解散主要分为两种类型：行政解散和司法解散。这两种解散方式各有其特点，且在实施过程中涉及的法律条款和程序亦不尽相同。

1. 行政解散

行政解散，顾名思义，是由行政机关依据相关法律法规对公司进行解散的行政行为，主要包括依法被吊销营业执照、责令关闭或者被撤销三种情形。

首先，被吊销营业执照是行政解散的一种常见情形，具体规定主要散见于市场主体登记管理条例，如第四十四条明确规定，"提交虚假材料或者采取其他欺诈手段隐瞒重要事实取得市场主体登记的，由登记机关责令改正，没收违法所得，并处5万元以上20万元以下的罚款；情节严重的，处20万元以上100万元以下的罚款，吊销营业执照。"

同法第四十五条第一款规定："实行注册资本实缴登记制的市场主体虚报注册资本取得市场主体登记的，由登记机关责令改正，处虚报注册资本金额5%以上15%以下的罚款；情节严重的，吊销营业执照。"

其次，责令关闭亦是一种具有行政处罚性质的行政解散方式。当市场主体存在严重违法行为，如严重污染环境、违反安全生产规定等时，行政机关有权责令其关闭，并依法追究其法律责任。责令关闭不仅剥夺了市场主体的经营资格，还意味着其可能面临法律制裁和声誉损失。

最后，被撤销公司登记亦是一种行政解散的方式。在某些情况下，如公司于设立时违反法律法规等，登记机关就可能撤销公司的登记，使其失去法人资格，从而实现公司的解散。

2. 司法解散

与行政解散不同，司法解散是通过司法程序对公司进行解散的方式。新公司法第二百三十一条对司法解散的条件和程序进行了明确规定，即公司经营管理发生严重困难，继续存续会使股东利益受到重大损失，通过其他途径不能解决的，持有公司百分之十以上表决权的股东，可以请求人民法院解散公司。

司法解散的条件包括以下三个方面：

一是请求人须持是有公司百分之十以上表决权的股东；

二是公司经营管理发生严重困难；

三是继续存续会使股东利益受到重大损失，且通过其他途径不能解决。

这三个条件缺一不可，必须同时满足才能启动司法解散程序。

司法解散作为一种特殊的解散方式，旨在解决公司内部矛盾、保护股东利益和维护市场秩序。在实务中，法院会依法审理案件，并根据案件的具体情况作出是否解散的判决。若判决解散公司，则公司须依法进行清算和注销登记等手续，从而结束其法人资格和经营活动。

二、公司清算

（一）公司清算义务人

在现代企业治理的框架下，公司解散并非一个简单的终止运营的步骤，而是需要经过一系列严谨的法律程序，以确保公司资产得到妥善处理，股东和债权人的权益得到保障。新公司法针对公司解散后的清算环节进行了明确的规定，尤其是关于清算义务人的身份和职责，以及因未履行清算义务而可能产生的赔偿责任。

根据新公司法第二百三十二条，"公司因违反本法第二百二十九条第一款第一项、第二项、第四项、第五项规定而解散的，应当清算。"值得注意的是，此时的清算义务人已然转移到了董事身上。这一转变凸显了董事在公司运营过程中的核心地位，他们不仅要负责公司的日常运营决策，还要在公司解散时承担起清算的责任。

具体来说，当公司解散事由出现时，董事作为清算义务人，应当在十五日内组成清算组，并着手进行清算工作。这一规定为清算工作设定了明确的时间限制，确保了清算工作的及时性和有效性。同时，新公司法也赋予了董事更多的职责和权利，使其能够更好地履行清算义务。

但是，这并不意味着清算组只能由董事组成。新公司法也允许公司章程或股东会决议对清算人的选择进行另行规定。这一规定充分考虑了公司自治的原则，允许公司根据自身情况灵活选择适合的清算人。例如，在某些情况下，董事可能由于利益冲突或其他原因而不适合担任清算人，此时可以通过公司章程或股东会决议选择其他适合的清算人。

此外，新公司法还明确了清算义务人的赔偿责任。如果清算义务人未及时履行清算义务，给公司或债权人造成损失的，应当承担相应的赔偿责任。这一规定旨在强化清算义务人的责任意识，确保他们认真履行清算职责，维护公司和债权人的合法权益。

（二）清算责任

清算环节是企业生命周期的重要节点，清算组作为这一过程中的核心执行者，其成员构成及职责履行显得尤为重要。鉴于清算组原则上由董事组成，这一特殊身份使得清算责任不仅仅是对公司资产的简单处理，更是董事忠实、勤勉义务在清算阶段的延伸与深化。

新公司法第二百三十八条为清算组成员的职责履行提供了明确的法律指引。其规定，"清算组成员履行清算职责，负有忠实义务和勤勉义务。清算组成员怠于履行清算职责，给公司造成损失的，应当承担赔偿责任；因故意或者重大过失给债权人造成损失的，应当承担赔偿责任。"

清算组成员在履行清算职责时，应当忠实于公司利益，勤勉尽责。这一规定既是对董事忠实、勤勉义务在清算阶段的重申，也是对清算组成员专业性和责任感的强调。

清算组成员的忠实义务要求其在处理公司清算事务时，必须全心全意为公司利益着想，不得有任何损害公司利益的行为。

勤勉义务则要求清算组成员必须尽职尽责，勤勉工作，确保清算工作的顺利进行。这两项义务共同构成了清算组成员履行职责的基本准则。

然而，若清算组成员怠于履行清算职责，给公司造成损失的，应当承担相应的赔偿责任。这里的"怠于履行职责"不仅指清算组成员未能勤勉工作，还可能包括未能忠实于公司利益，导致公司资产流失或损害公司债权人利益等行为。这种赔偿责任的法律基础在于，清算组成员作为公司的受托人，有义务妥善管理公司的财产，确保其安全、完整。

除了对公司的赔偿责任，清算组成员还可能因故意或重大过失给债权人造成损失而承担赔偿责任。这种赔偿责任的特殊性在于，它仅限于清算组成员的故意或重大过失行为。一般过失并不构成对债权人的赔偿责任。这是因为，清算组成员在处理公司清算事务时，虽然应当勤勉尽责，但受限于各种客观因素，难免会产生一些疏漏或错误。只有在故意或重大过失的情况下，清算组成员才需要承担对债权人的赔偿责任。

（三）清算程序

清算组成立后，公司正式进入实质清算程序。这一流程不仅是对公司资产的全面梳理，更是对各方权益的细致考量，具体内容如下。

1. 发布债权人公告并进行债权人登记

清算组在成立后，应当确保债权人的权益得到保障。因此，他们需要在成立后的十日内，及时通知已知的债权人，并在接下来的六十日内，通过报纸或国家企业信用信息公示系统，发布债权人公告。债权人需要在接到通知后的三十日内，或自公告发布后的四十五日内，向清算组申报其债权。

申报时，债权人需详细说明债权的有关事项，并提供相应的证明材料。在债权申报期间，清算组须保持公正，不得对任何债权人进行提前清偿。

2. 开展清算活动

接下来，清算组将全面开展清算活动。其需要对公司的财产进行清理，如清算组负责清理公司财产，分别编制资产负债表和财产清单；处理与清算有关的公司未了结的业务；缴纳行政机关、司法机关的罚款和罚金；向海关和税务机关清缴所欠税款以及清算过程中产生的税款并办理相关手续。

另外，新公司法第二百三十七条规定："清算组在清理公司财产、编制资产负债表和财产清单后，发现公司财产不足清偿债务的，应当依法向人民法院申请破产清算。

"人民法院受理破产申请后，清算组应当将清算事务移交给人民法院指定的破产管理人。"

3. 分配公司财产

清算组在清理公司财产、编制资产负债表和财产清单后，应当制订清算方案，并报股东会或者人民法院确认。公司财产在分别支付清算费用、职工工资、社会保险费用和法定补偿金，缴纳所欠税款，清偿公司债务后的剩余财产，有限责任公司按照股东的出资比例分配，股份有限公司按照股东持有的股份比例分配。

在清算期间，公司虽然存续，但不得开展与清算无关的经营活动。公司财产在未依照前款规定清偿前，不得被分配给股东。

4. 制作清算报告

清算结束后，清算组须制作清算报告，报股东会或人民法院确认，并报送公司登记机关。清算报告是对整个清算过程的全面总结，应确保准确无误。最后，清算组须申请注销公司登记，并公告公司终止。

三、注销登记

随着公司清算程序的结束，注销登记成为公司终止的最后一步。这一过程不仅标志着公司法人资格的终结，也涉及公司财产、权益的彻底清算和分配。根据新公司法的规定，公司的注销方式主要分为简易注销、普通注销和强制注销三种。

（一）简易注销

新公司法第二百四十条规定："公司在存续期间未产生债务，或者已清偿全部债务的，经全体股东承诺，可以按照规定通过简易程序注销公司登记。

"通过简易程序注销公司登记，应当通过国家企业信用信息公示系统予以公告，公告期限不少于二十日。公告期限届满后，未有异议的，公司可以在二十日内向公司登记机关申请注销公司登记。

"公司通过简易程序注销公司登记，股东对本条第一款规定的内容承诺不实的，应当对注销登记前的债务承担连带责任。"

简易注销存在明确的适用对象，即通常是未发生债权债务或已将债权债务清偿完结的市场主体（上市股份有限公司除外）。市场主体在申请简易注销登记时，不应存在未结清清偿费用、职工工资、社会保险费用、法定补偿金、应缴纳税款（滞纳金、罚款）等债权债务。

简易注销是依公司意愿启动的程序，公司申请办理简易注销，需要提交申请书和全体股东承诺书，公司登记机关一般作形式审查，但如果发现公司存在隐瞒真实情况、弄虚作假的情形，登记机关可以撤销注销登记。[①]

（二）普通注销

普通注销流程则适用于各类企业。在完成清算程序后，企业需要分别注销税务登记、企业登记、社会保险登记等。对于涉及海关报关等相关业务的公司，还需要办理海关报关单位备案注销等事宜。

普通注销流程相对烦琐，但能够确保公司财产、权益的彻

---

① 赵旭东主编：《新公司法讲义》，法律出版社，2024年，第472页。

底清算和分配。在注销过程中，企业需要向相关部门提交一系列的申请文件和证明材料，如清算报告、股东会决议、税务注销证明等。同时，企业还需要处理与员工、债权人、税务机关等相关方的关系，确保各方权益得到妥善解决。

（三）强制注销

新公司法第二百四十一条规定："公司被吊销营业执照、责令关闭或者被撤销，满三年未向公司登记机关申请注销公司登记的，公司登记机关可以通过国家企业信用信息公示系统予以公告，公告期限不少于六十日。公告期限届满后，未有异议的，公司登记机关可以注销公司登记。

"依照前款规定注销公司登记的，原公司股东、清算义务人的责任不受影响。"

新公司法首次引入了强制注销制度，明确规定了其适用对象。那些被吊销营业执照、责令关闭或被撤销，且满三年未主动向公司登记机关申请注销的公司，将被依法强制注销。

这一举措旨在迅速清除市场上的"僵尸公司"，有效维护市场秩序，同时也着重关注了对公司利益相关者合法权益的保护，确保各方利益得到妥善处理，彰显法律对于市场规范和企业责任的严格要求。[①]

---

① 张钦昱：《僵尸企业出清新解：强制注销的制度安排》，《法学杂志》，2019 年第 12 期。

四、司法案例

【案例 15-1】

贵州某茂绿色产业发展有限公司、雷某某等公司解散纠纷民事申请再审审查民事裁定书【（2021）最高法民申 2688 号】

贵州某茂绿色产业发展有限公司（以下简称"某茂公司"）的公司章程规定，股东会每年召开一次，于年末举行，但某茂公司未提供证据证明公司召开过股东会；某茂公司成立至今从未召开过监事会；生效判决已确认喻某某（雷某某为喻某某的妻子，在喻某某因病去世后，成为第一顺位继承人）享有某茂公司 30% 的股权；某茂公司在 2007 年公司厂房被征收后，至喻某某起诉时，公司一直没有经营场所，亦未生产经营。由此，二审判决认定某茂公司的内部机构已不能正常运转，公司经营管理陷入僵局，公司继续存续会使某茂公司资产被不断消耗，股东的投资目的无法实现，将使股东利益受到重大损失，公司符合法定解散事由。

对于是否能够通过其他途径解决某茂公司现状的问题，最高法亦作出解释，《最高人民法院关于适用〈中华人民共和国公司法〉若干问题的规定（二）》第五条规定："人民法院审理解散公司诉讼案件，应当注重调解。当事人协商同意由公司或者股东收购股份，或者以减资等方式使公司存续，且不违反法律、行政法规强制性规定的，人民法院应予支持。当事人不能协商一致使公司存续的，人民法院应当及时判决。"《最高人民法院关于适用〈中华人民共和国公司法〉若干问题的规定（五）》第五条规定："人民法院审理涉及有限责任公司股东重大分歧案件时，应当注重调解。当事人协商一致以下列方式解决分歧，且不违反法律、行政法规的强制性规定的，人民法院应予支持：（一）公司回购部分股东股份；（二）其他股东受让部分股东股份；（三）他人受让部分股东股份；（四）公司减资；（五）公司分立；（六）其他能够解决分歧，恢复公司正常经营，避免公司解散的方式。"

　　某茂公司自 2007 年公司厂房被征收后一直没有经营场所，亦未生产经营。吴某某作为股东和法定代表人，已于 2017 年 11 月 10 日死亡，但至今未办理变更手续。一、二审法院在审理过程中，曾多次组织调解，但双方当事人一直未能就公司的存续问题协商一致。一审判决解散某茂公司，二审判决予以维持，并无不当。

　　结合上述案例，对于经营场所不定且未进行生产经营的公司，法院应当认定公司经营管理陷入僵局。如果发生公司僵局，为避免公司步入解散清算环节，建议公司加强信息披露工作，定期向股东报告公司经营情况和财务状况，增强股东对公司的信任度。同时，应加强与股东的沟通，了解股东需求和关切，共同推动公司的发展。如果经过整改和努力后，公司仍无法恢复正常经营，或者股东之间无法就公司未来发展达成一致意见，可以考虑通过解散或重组的方式解决公司困境。在此过程中，应充分尊重股东权益，确保解散或重组过程的合法性和公正性。

【案例 15-2】

童某某、黄某某民事二审民事判决书【(2021)湘 01 民终 12144 号】

宁乡三江某宇冶金炉料有限公司（以下简称三江某宇公司）成立于 2009 年 3 月 6 日，股东有童某某（一）、罗某某、童某某（二）。2019 年 7 月 17 日，童某某（一）、罗某某、童某某（二）向市场监督管理部门申请简易注销登记三江某宇公司，并签署了《简易注销全体投资人承诺书》，承诺企业申请注销登记前未发生债权债务或已将债权债务清算完结，不存在未结清清算费用、职工工资、社会保险费用、法定补偿金和未缴清的应缴纳税款及其他未了结事宜，清算工作已经全面完结。股东表示，公司全部债权已清算完毕，否则将对未清算债权承担法律责任。三江某宇公司在宁乡市市场监督管理局登记了债权人公告信息，公告期间为 2019 年 10 月 8 日至 2019 年 11 月 22 日，公告内容为 2019 年 10 月 8 日，三江某宇公司因股东会决议解散，拟向公司登记机关申请注销登记，请债权人自公告之日起四十五日内向清算组申报债权。公告期间，黄某某没有申报债权。2019 年 11 月 27 日，公司办理了注销登记。

二审争议焦点是：童某某是否应该作为相关执行案件的被执行人。

首先，童某某在《宁乡三江某宇冶金炉料有限公司清算报告》中签字并表示，"债务偿还情况：已全部清理完毕，本公司的债权债务已全部清算完结，若有未清算完结的债权债务由股东按出资比例承担"，此系童某某作为股东和清算组成员在办理公司注销登记时的真实意思表示。

其次，童某某在《简易注销全体投资人承诺书》中表示，公司申请注销登记前未发生债权债务，已将债权债务清算完毕，否则其将承担相应的法律后果和责任，此举亦系童某某的真实意思表示。因此，童某某应当依据前述清算报告和承诺书的内容，对三江某宇公司注销前未清偿的债务承担责任。

最后，《最高人民法院关于适用〈中华人民共和国公司法〉若干问题的规定（二）》第十一条第一款规定："公司清算时，清算组应当按照公司法（2018年修订）第一百八十六条的规定，将公司解散清算事宜书面通知全体已知债权人，并根据公司规模和营业地域范围在全国或者公司注册登记地省级有影响的报纸上进行公告。"

黄某某据以执行的法律文书在三江某宇公司办理注销登记前已经生效，但三江某宇公司并未依照前述程序将清算事宜书面通知黄某某，其清算违反了前述司法解释的规定，童某某作为三江某宇公司的股东和清算组成员，应当承担相应的法律责任。黄某某要求童某某对三江某宇公司的债务承担责任一举，于法有据。

结合以上案例，简易注销制度旨在降低企业退出成本，优化营商环境。然而，企业在申请简易注销时必须遵守法律规定，诚实守信，不得隐瞒债务或提供虚假材料。一旦发现违规行为，法院将支持债权人追加股东为被执行人，并可能撤销注销登记，恢复企业主体资格，同时将企业列入严重违法失信名单。债权人应积极行使权利，通过法律途径维护自身利益。